荒牧慶彦

# 2と3のあいだ

Aramaki Yoshihiko

2 to 3 no aida

日経BP

# はじめに
## ―俳優10周年を迎え、プロデューサー業へ―

みなさま、『日経エンタテインメント!』で約1年連載していた『2と3のあいだ』が1冊の本となりました。まずは、この本を手に取ってくださり、ありがとうございます。僕の演劇に対する思いをより深く知ってもらいたいという気持ちから、今回の連載では、俳優としてではなくプロデューサー目線で取材をしていただきました。プロデューサーという視点でお話をするのは初めてでしたが、漠然と自分の頭に描いていたものを、インタビューを通して言葉にしていくことで考えがまとまってきたような気がしていて。この連載を通してプロデューサーとして成長させていただけたんだと思います。

僕がプロデュース業を始めようと思ったきっかけは、「2・5次元舞台を知ってもらいたい」という気持ちからでした。僕たちの業界には、素晴らしい演出家や役者仲間がそろっているのに、「2・5次元舞台だから」と敬遠されることもある。どうすればもっと多くの方にこの魅力が伝わるのかと考えたところ、プロデュース業に挑戦するしかないと思ったんです。ありがたいことに「2・5次元界のトップ」と言っていただけることが増えた今の僕だからこそ、クリエーター側の手助けができる気がするし、僕がきっかけとなって新しい演出家を知ったり、演劇に触れていただける可能性もあるはず。そうしてどんどん演劇界への興味を広げていただきたいなと感じました。

## 「役者・荒牧慶彦」を利用して、新しいことを学びたい

役の幅も広がり、俳優として軌道に乗せていただいているなか、僕が次に進むことを選んだのは、プロデューサー業でした。これは性格からなのか、僕は常に今後が心配になってしまうんです。いつまでもこの地位が続くわけではない。そう言っていただける今だからこそ、プロデューサーとしてできることがあるんじゃないかなと感じたんです。「役者・荒牧慶彦」を利用して、プロデューサー業を勉強させてもらおう、と。

実際にプロデューサー業を経験してみて、役者と制作陣との間にある壁に気がつきました。今まで、俳優としての僕は「そんな壁なんてない」と思っていましたが、制作側に入ってみて、お互いに踏み入れないようにしていた部分があることが分かりました。そうした深いところにある不安や心細さをお互いが感じているということは、プロデューサー業をやっていなければ分からなかったことだと思います。

初めてのプロデュース作品となった「演劇ドラフトグランプリ」は、想像以上に大変でした。僕たち俳優は、用意していただいた板の上に乗ってからがスタートだったので、「こんなことも決めないといけないの!?」という驚きの連続で。あまりに大変で、共演した染君（染谷俊之）に「プロデューサーなんてやるもんじゃない」と嘆いたことを覚えています(笑)。

でも、今も懲りずにプロデュース業を続けているのだから不思議ですよね。僕が俳優をやるうえで掲げている「カメレオン俳優になりたい」という夢は、プロデューサー業でも同じ。いろいろな役者、演出家の引き出しを見せたいし、新しいエンタテインメントを届けたい。その結果、2・5次元界で頑張るみんなの素晴らしさを知ってもらえたら本望です。僕は舞台を愛しているので、これからも様々な舞台の楽しみ方を提示できるよう、アプローチを続けていきたいと思っています。

この連載では、尊敬する先輩である（鈴木）拡樹君や俳優仲間の（佐藤）流司との対談のほか、様々なクリエイターの方とのお話により、僕もたくさんの刺激を受けました。プロデューサーとしての今の僕を知ってもらえたらうれしいです。

# 『2と3のあいだ』目次

**はじめに**……1

**00**

**「必ず時代が来る」と舞台に立ち続けるプロデュースにも着手し、武道館へ**……12

◆ **書籍化スペシャルグラビア（川沿い編）**……17

◆ **役者・荒牧　最新お仕事紹介**

舞台『刀剣乱舞』山姥切国広単独行 -日本刀史-……27

◆ **荒牧プロデュース公演アーカイブ2022.6～2023.7**……31

「演劇ドラフトグランプリ2022」

『殺陣まつり～和風三国志～』

Ｓｔｒａｙ Ｃｉｔｙシリーズ『Ｃｌｕｂ キャッテリア』

ミュージカル「Ｉ'ｍ ｄｏｎｕｔ？」

## PART 1 2・5次元界を広めたい

01 僕が2・5次元に魅せられる理由……42
02 対談 鈴村健一（声優）
事務所社長＆プロデュースを演者がやるということ……51
03 「役者・荒牧慶彦」をプロデュースする……61
04 2022年は〝駆け抜けた年〟
2・5次元の価値を上げていく……71

05 対談 佐久間宣行（テレビプロデューサー、ラジオパーソナリティー、作家）
ヒットメーカーと考える2・5次元界……79

06 2・5次元協会にアクターズリーグ
〝役者・荒牧〟を活用して宣伝……89

◆ 書籍化スペシャルグラビア（浴衣編）……97

## PART. 2 本格的なプロデュース業に着手

07 全てプロデュースしたデビュー10周年記念イベント
改めて感じた感謝の気持ち……106

08
対談 石川凌雅（俳優）
出演・企画・プロデュースの意欲作
舞台Stray Cityシリーズがいよいよ開幕……113

09
俳優のさらなる才能発掘を視野に
大型イベント「ACTORS☆LEAUE」をサポート……124

10
対談 平子良太（I'm donut? オーナーシェフ）
人気ドーナツ店をミュージカルに
プロデュース業の視野を広げ、新たな展開へ……133

11
約1年のプロデュース業を通して
手探りのなかで見つけた光……143

◆書籍化スペシャルグラビア（コート編）……153
◆連載グラビアアーカイブ①……161
【Pasture座談会】荒牧慶彦×田中涼星×司波光星
Pastureに加わった仲間たちと語る
事務所と2・5次元界の未来……166

書籍企画
## 荒牧を語る
## ～クリエーターが語る荒牧慶彦とは～

◆橋本和明（演出家）
荒牧君は戦友のような存在……180

◆松崎史也（脚本・演出家・俳優）
2・5次元界を変えることができる人……191

書籍化スペシャル対談①
×鈴木拡樹
トップを走る2人が開く
業界の未来と後輩へのバトン……201

書籍化スペシャル対談②
×佐藤流司
業界を支える2人から見た
2・5次元界の今とこれから……225

書籍企画
荒牧を知る30のQ＆A……249
◆連載グラビアアーカイブ②……257
◆書籍化スペシャルグラビア（ジャケット編）……265
おわりに……273

# #00

# 「必ず時代が来る」と舞台に立ち続けるプロデュースにも着手し、武道館へ

舞台『刀剣乱舞』の山姥切国広《やまんばぎりくにひろ》など、多くの人気キャラクターを体現する荒牧慶彦。第一線の役者でありながら、プロデュース公演にも着手。「#00」は、荒牧の『日経エンタテインメント!』初登場のインタビューから、2・5次元作品に懸ける思いを聞いた。

舞台『刀剣乱舞』をはじめ、MANKAI STAGE『A3!』、『ヒプノシスマイク -Division Rap Battle-』Rule the Stageなど、数々の舞台で主要キャラクターを演じる荒牧慶彦。饒舌《じょうぜつ》な細目の芸人、天然の役者志望の若者など、

変幻自在に役になりきり、圧倒的なけん引力を誇る、2・5次元人気の立役者の1人だ。〝道なき道〟といわれてきたこのジャンルをどう切り開いてきたのか。

改めて2・5次元界を振り返ってみると、僕がミュージカル『テニスの王子様』に出演していた時代は、まだ「2・5次元」という言葉が浸透しておらず「原作モノ」と呼ばれることが多くて。マンガやアニメが大好きな僕にとって、2・5次元舞台に立つことは天職だけど、当時は「モノマネ舞台」という言葉を投げかけられることもありました。でも僕は「必ず時代が来る」と確信を持っていたので、2・5次元舞台に立ち続けることを決めたんです。

2・5次元界が大きく変わったのは、『刀剣乱舞』シリーズが登場したとき。ゲームを原案として舞台オリジナルのストーリーを生み出すという新たな手法が生まれたこと、また「舞台」と「ミュージカル」がそれぞれ制作されたことも斬新でした。『刀剣乱舞』という作品自体に〝引っ張っていく力〟があった気がします。その魅力にひけを取らないように頑張ってきました。

2・5次元の舞台に立ち、懸命に演じ続けたことで、テレビ出演などの機会が増えました。

最初は1人でバラエティ番組へ出演させていただくことが多かったのですが、既に出来上がったプラットフォームに僕が1人で入り込むには限界があることに気がついて。状況を打破するには、「2・5次元」というパッケージごと乗り込むしかない(笑)。その思いに事務所スタッフや番組側の方たちが応えてくださったおかげで、〝2・5次元チーム〟として戦友たちと一緒に出演するようになりました。

そして、2022年の4月からは『ろくにんよれば町内会』(日本テレビ)という僕たちの冠バラエティ番組も始まり、夢がかないました。

## 「2・5次元は進化し続ける」

デビュー10周年を迎えた荒牧。2・5次元舞台を活動の中心に据え、その良さをより多くの人に知ってもらいたい。「覚悟を胸に舞台に立っている」と語る。

2・5次元舞台のキャラクターを演じるのは想像よりも大変です。原作がある場合、ストーリー展開やキャラクターを知った上で舞台をご覧になる方が多いので、役作りのハードルも高い。舞台化に対して原作ファンの方が否定的な意見を持つ気持ちが僕自身も分かるので、僕たちは誰よりも演じるキャラクターや作品の世界観を理解して、みなさんが納得できるものを作らなければならない。その覚悟を持って舞台に立っています。

人間がキャラクターを演じるので、俳優によって役の解釈も違う。それを受けて作品への理解が深まり、原作の新しい良さに気づくことも少なくありません。キャラクターが舞台に立つ姿のリアルさと役者の熱量を直接感じられるのは魅力だと思います。

## 10周年、新たな挑戦

僕も俳優活動10周年を迎えました。自分は個人事務所「Ｐａｓｔｕｒｅ」の社長ですが、あくまでも俳優です。俳優という立場ではありますが、「業界全体を活気づかせることのできるコンテンツを生み出したい」と思って提案したのが、21年10月公演の「バクマン。」ＴＨＥ ＳＴＡＧＥでした（２・５次元界の第一人者である）鈴木拡樹さんとのW主演で、舞台で水を使用する演出も新しく、非常に手応えを覚えました。２・５次元舞台は、常に成長を続けています。

22年は本格的にプロデュースにもチャレンジします。6月には日本武道館で、俳優たちでチームを作りオリジナル演劇を披露する「演劇ドラフトグランプリ」を、12月には明治座で『殺陣まつり～和風三国志～』を上演します。明治座公演に伴い、僕の事務所「Ｐａｓｔｕｒｅ」で新人男性俳優オーディションを開催するので、新しい才能に会えるのも楽しみです。

自ら企画・プロデュースを行うことで、仲間や後輩たちと新しい世界を表現して、ファンの方たちにもより楽しんでいただきたい。その結果として2・5次元界が盛り上がることを願っています。

（『日経エンタテインメント！』２０２２年5月号掲載分を加筆・修正）

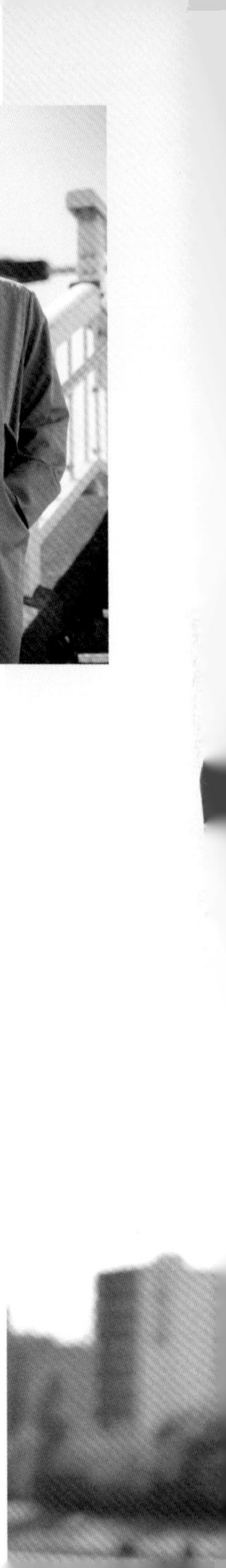

## 舞台『刀剣乱舞』山姥切国広 単独行 -日本刀史-

「刀剣乱舞ONLINE」が原案の舞台『刀剣乱舞』。荒牧演じる山姥切国広の修行の旅を描いた本作は、刀剣男士の出演が一振りのみという初の試みで上演。2023年10月7日～22日まで東京・天王洲 銀河劇場のほか、さらに26日～11月5日まで京都・京都劇場、10日～12日まで福岡・キャナルシティ劇場で上演。最新の役者・荒牧の仕事を写真で振り返る。

Blu-ray/DVD　2024年3月20日（水）発売
Blu-ray：1万780円　DVD：9680円
※本編映像・全景映像に加え、千秋楽カーテンコールやバックステージ映像を収録。
発売元：株式会社マーベラス　販売元：東宝株式会社

舞台『刀剣乱舞』山姥切国広 単独行 -日本刀史-
**原案**：「刀剣乱舞ONLINE」より
（DMM GAMES/NITRO PLUS）
**脚本・演出**：末満健一
**出演**：荒牧慶彦
池之上頼嗣　ウチクリ内倉　浦谷賢充
淡海 優　大塚宣幸　岡村圭輔　沖 育美
奥平祐介　小林嵩平　澤田圭佑　下尾浩章
杉山圭一　高田紋吉　武市佳久　田嶋悠理
傳田うに　中川和貴　中嶋海央　福島悠介
藤原儀輝　宮永裕都　山中啓伍　横田 遼
横山慶次郎　吉田 雄　力丸佳大

東京 2023年10月7日（土）～ 10月22日（日）
天王洲 銀河劇場
京都 2023年10月26日（木）～ 11月5日（日）
京都劇場
福岡 2023年11月10日（金）～ 11月12日（日）
キャナルシティ劇場

本丸を離れ、修行の旅へと出発した山姥切国広。“極のその先”を求めて、刀剣に思いを馳せる旅路が幕を開ける。一振りで堂々とセンターに立つ姿からは、本公演に対する覚悟や思いが感じられた。

殺陣、身体能力や精神面も含め、これまでの『刀ステ』で積み上げてきた俳優・荒牧としての歴史が感じられる公演となった。

# 荒牧プロデュース公演アーカイブ 2022.6～2023.7

プロデューサー・荒牧としての仕事を写真で振り返る。大型イベント、
俳優10周年記念公演、オリジナル演劇＆ミュージカルなど手掛けた作品は多岐にわたる。

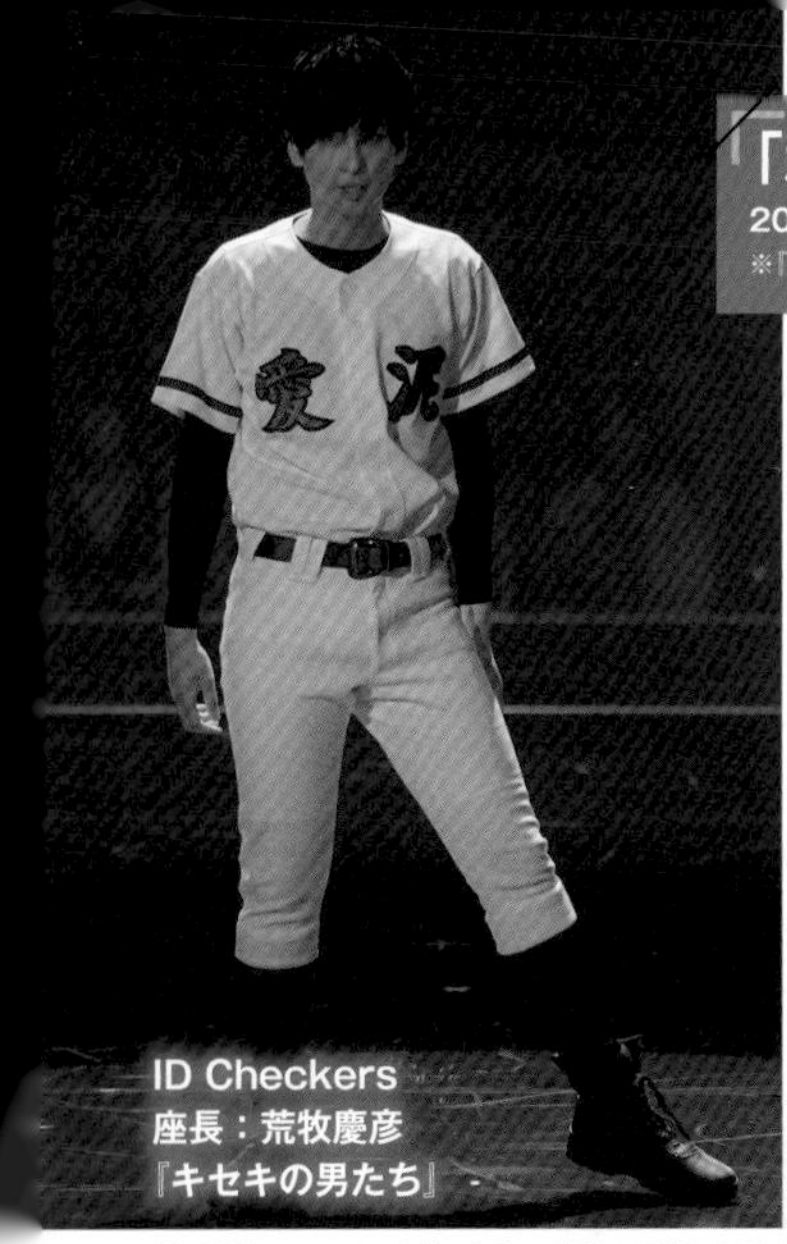

ID Checkers
座長：荒牧慶彦
『キセキの男たち』

# 「演劇ドラフトグランプリ2022」

**2022年6月14日、東京・日本武道館にて開催。**

※『演劇ドラフトグランプリ2023』が2023年12月5日、同じく武道館にて開催。

荒牧、佐藤流司、高野洸、染谷俊之の4名が座長となり、共演する役者や演出家をドラフト会議により選出し、与えられたルールで制作されたオリジナル演劇で競い合う。総合演出は川尻恵太、総合司会は尾上松也。審査員には『週刊少年ジャンプ』をはじめ3大少年誌の編集長が一堂に会した。

「奇跡」をテーマに、高校3年生の球児の最後の夏を描く。「奇跡の男」と呼ばれるライバル・輝山（輝山立）に引け目を感じる楓馬（定本楓馬）が、謎の男（荒牧）と対峙することで前を向く物語。中屋敷法仁の演出らしく、球児たちの葛藤をストレートに表現した作品に。

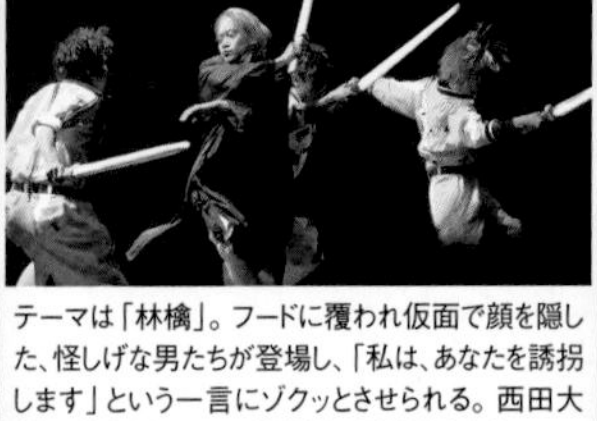

テーマは「林檎」。フードに覆われ仮面で顔を隠した、怪しげな男たちが登場し、「私は、あなたを誘拐します」という一言にゾクッとさせられる。西田大輔の演出ならではの世界観に引き込まれた。

劇団『打』
座長：佐藤流司
『林檎』

「超MIX」
座長：高野洸
『Ludaリューダ』

テーマは「虹」。高野率いる神々たちが、人間（寺山武志）を操る姿を描いた壮大な物語だ。ダンスやアクロバットを得意とするメンバーならではの身体を使った表現で魅了。360°のステージを寺山が駆け抜け、神々も縦横無尽に舞い踊る。

劇団『ズッ友』
座長：染谷俊之
『天を推し歩く』

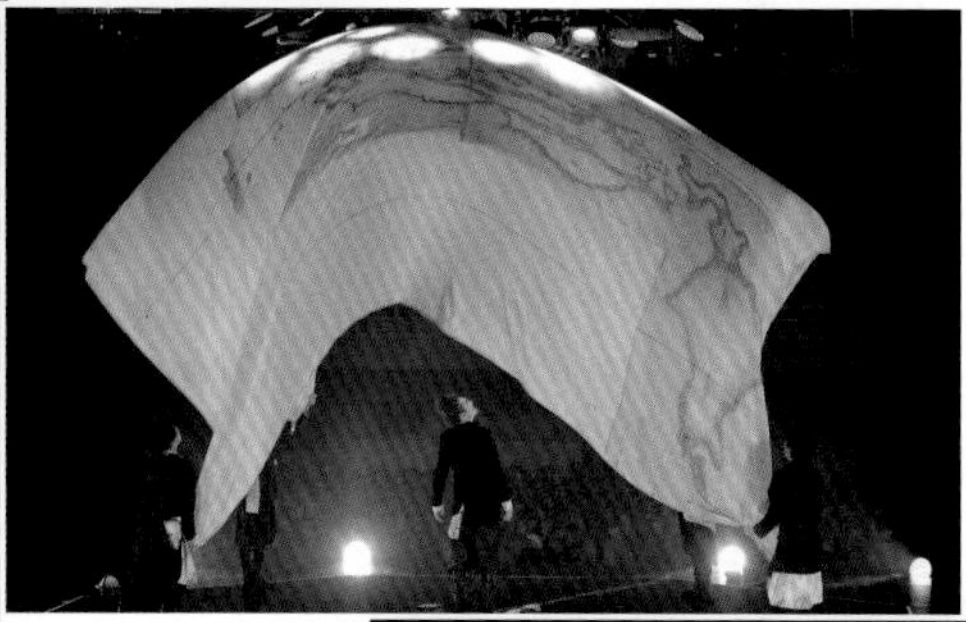

唐橋充を主演に、伊能忠敬（通称・推歩）の物語を描く。設定やストーリーも分かりやすく、テンポ良く話が展開。エンタテインメント性の高さが評価され、審査員や観客の投票でグランプリを獲得。プレゼンターとして上川隆也がサプライズ登場し、優勝旗が贈られた。

**Point!**

「2．5次元界を盛り上げる俳優や演出家を多くの方に知ってもらいたい」という気持ちから生まれた、荒牧の初プロデュースとなる演劇の祭典。好評を呼び、23年12月5日に再び日本武道館での開催が決定。去年に続き座長は荒牧慶彦、高野洸、染谷俊之のほか、玉城裕規、七海ひろきが初参加。ドラフト会議の模様からグランプリ当日までをシアターコンプレックスTOWNで配信し、演劇ができる過程をエンタテインメントとして魅せる。

## 荒牧慶彦 俳優デビュー10周年記念公演
# 『殺陣まつり～和風三国志～』
2022年12月15～18日まで、東京・明治座にて上演。

『三国志』の設定を日本に置き換えた物語を中心に、殺陣あり、歌あり、トークありで届ける“お祭り”イベント。総勢20名のアンサンブルを率いて挑む100人斬りも見どころの1つ。荒牧が様々な武器を用いて、一糸乱れぬ華麗な大立ち回りを見せた。自身が作詞した新曲『10』も歌唱し、ファンへの感謝を伝える記念すべき公演となった。回替わりのゲストは、鈴木拡樹、橋本祥平、松田凌、水江建太、植田圭輔、梅津瑞樹、和田雅成（出演順）など親交の深い面々が並ぶ。総合演出に橋本和明、荒牧。

荒牧が代表を務める「Pasture」所属の君沢ユウキ、田中涼星をはじめ、新人・司波光星と田中朝陽が初お披露目。司波はラップ、田中はボクシングと自身の特技で敵を倒していた。

**Point!**

俳優デビュー10周年を記念し、明治座で行われた本公演は全7公演超満員のファンで埋め尽くされた。公演の最後には、「見守ってくれてありがとうございます」と深々と頭を下げ、客席へ降り撮影タイムへ。1人ひとりの顔を見ながら、会場中を駆け回る。会場外でも、入場したファンへ明治ザ・チョコレートとのコラボチョコレートが配布されるなど、ファンファーストな荒牧の気遣いが感じられる"荒牧らしい"イベントとなった。

写真／藤本和史

## Stray City シリーズ
# 「Club キャッテリア」

2023年5月12日～21日、品川プリンスホテル ステラボールにて上演。

荒牧が出演していたバラエティ番組『ろくにんよれば町内会』（日テレ）から生まれたオリジナル舞台。脚本にかが屋、演出に末原拓馬（おぼんろ）を迎え、キャストに石川凌雅、泰江和明、田中涼星、廣野凌大、福澤侑、持田悠生、笹森裕貴、立花裕大、荒牧が名を連ねる。「ねこ」と「ホスト」を組み合わせたオリジナルストーリー。夜の町・カブキマチを舞台に、ホストたちがNo.1を決める祭典「ホワイトナイト」に挑む姿を描く。

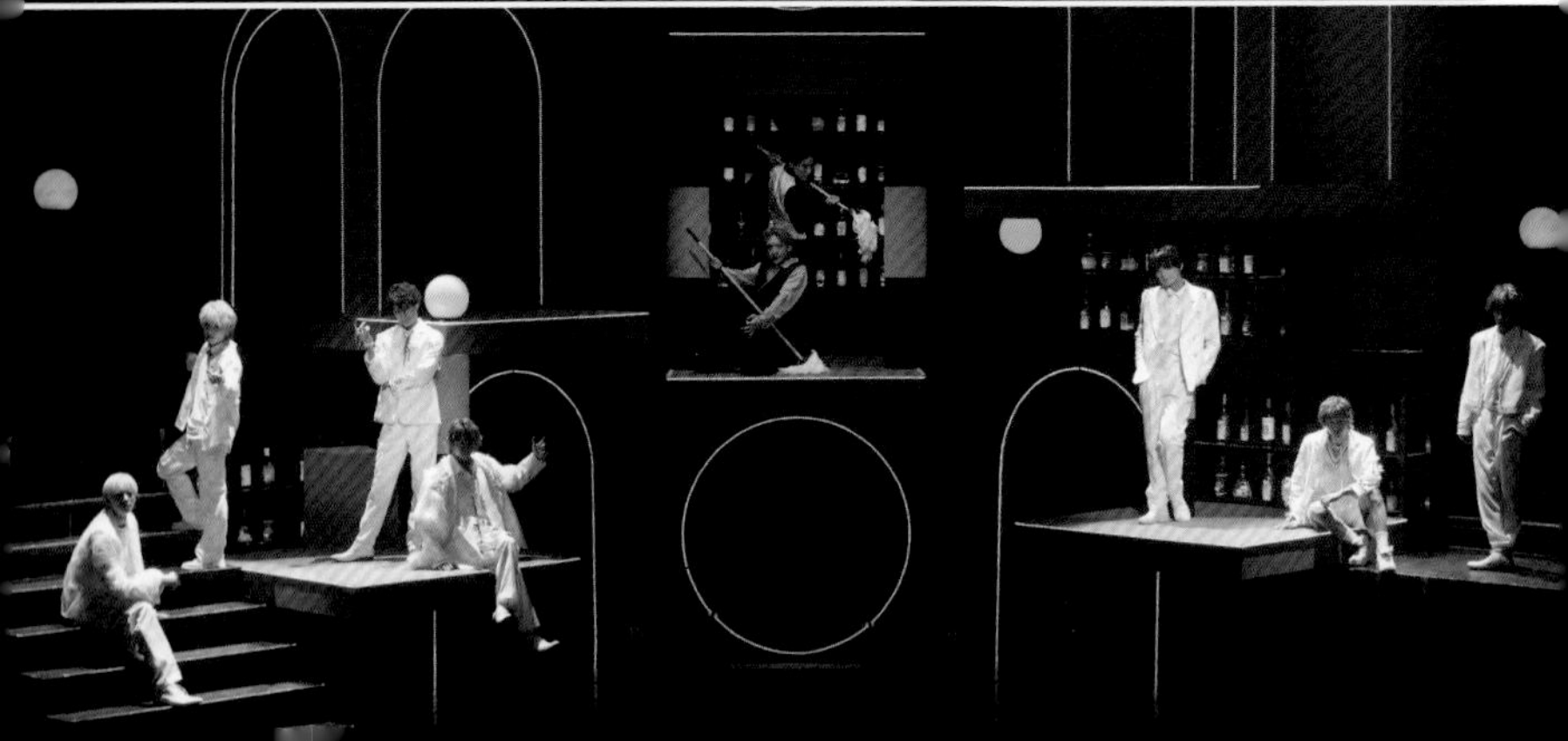

荒牧が演じるのは、ホストクラブ「キャッテリア」の支配人・ラグドール。ホストならではの名刺配り、シャンパンコールや掛け声など、ライブシーンも見どころに。

Point!

コロナ禍で沈んでしまった演劇界だが、その復活を祝し、声出し＆キャストの客席降りを取り入れ、歌＆ダンスありの“お祭り感”を盛り込んだオリジナル舞台。荒牧が「無茶苦茶面白かった！」と太鼓判を押した石川凌雅が、主演に抜てきされた。演劇脚本初挑戦のかが屋（加賀翔、賀屋壮也）だが、彼らSらしい言い回しや笑いはお笑い芸人ならではの面白さに。さらに、グッズでシャンパングラスライトが発売されるなど客席と一体化できる工夫もうれしい。

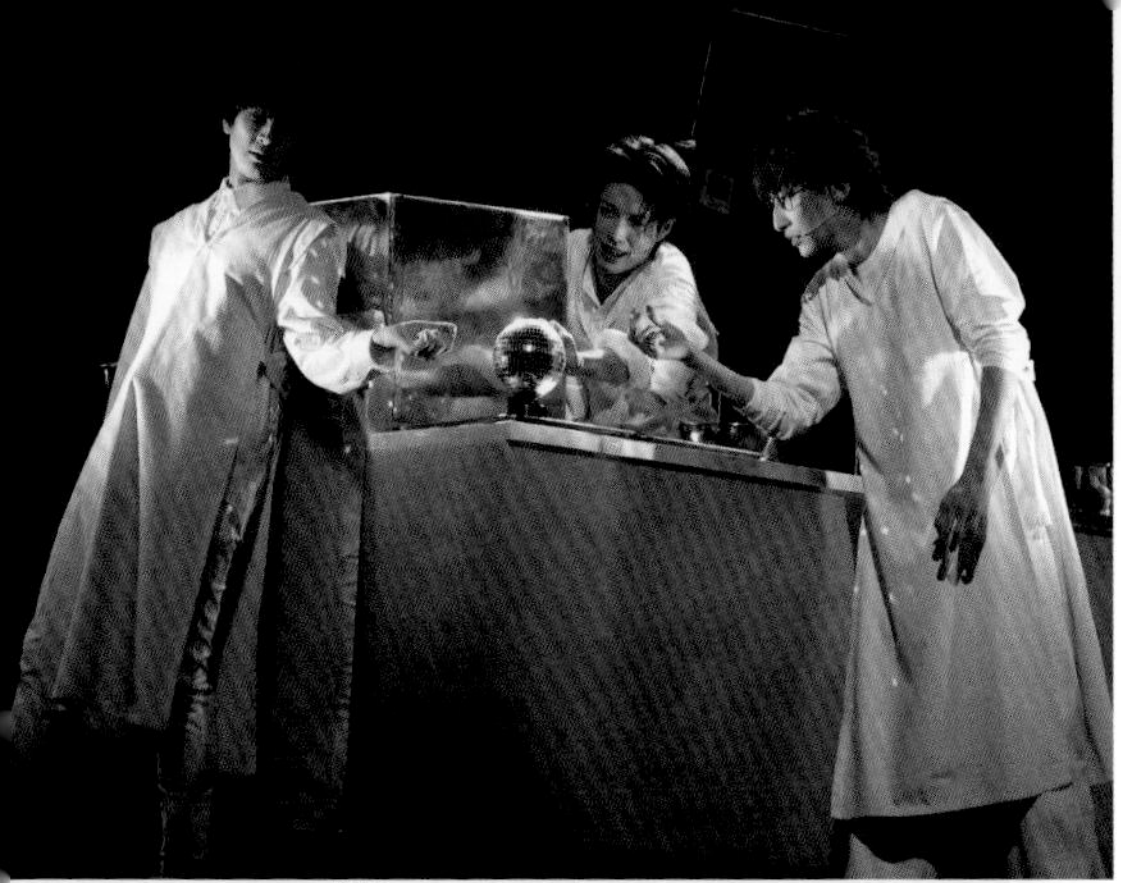

## ミュージカル「I'm donut ?」

2023年6月22日〜7月9日まで、池袋・Mixalive TOKYO 6F にて上演。

人気ドーナツ店「I'm donut ?」にインスパイアされ、脚本・演出に松崎史也、特別監修に平子良太シェフとともに創作されたミュージカル。新作ドーナツを作るために奔走する店員たちを描いたファンタジーストーリー。出演に荒牧、立石俊樹、福澤侑ら。本公演のためにオリジナルドーナツが開発され、公演後も楽しめる仕掛けに。

立石は、少し不器用な明るい新人店員・樹奈瀬円《こなせつぶら》を、福澤は職人気質で不愛想な先輩店員・水也良《みずなり》を好演。ドーナツを愛する思いは同じだが、性格は真逆な2人の化学反応が楽しい。ミュージカル経験豊富な立石の歌声と、福澤のしなやかなダンスが舞台に映える。

荒牧が演じたのは、人間の姿となりいたずらを繰り返すスイーツ好きの悪魔・マキア。つかみどころのない、怪しい笑みが魅力的。物語をかき回すキーパーソンを好演した。

**Point!**

荒牧プロデュースによるオリジナルミュージカル。演劇と食に可能性を感じ、人気店「I'm donut ?」のドーナツを演劇で表現する斬新な企画。オーナーシェフの平子良太氏も特別監修に加わり、世界観を構築。この作品のためのオリジナルドーナツも開発され、終演後に配布されるなど劇場を出た後も世界観を楽しめる仕組みも面白い。MANKAI STAGE『A3!』の楽曲も手掛けるYu（vague）が生み出す楽曲も楽しく、耳でも楽しめる１作。

　写真／小境勝巳

# PART 1

# 2・5次元を広めたい

# #01

# 僕が2・5次元に魅せられる理由

注目高まるライブ・エンタテインメント市場で急成長する「2・5次元舞台」。今月（2022年8月）より、ジャンルをけん引する1人、荒牧慶彦の新連載がスタート。役者に加え、プロデュース業にも着手する荒牧。その考えに迫り、動向を追う。

近年のアニメ人気やマンガブームにより、「2・5次元舞台」が急成長を続けている。原作の再現度の高い世界観は毎度話題を呼び、今や舞台作品で大きな位置を占めるようになった。

その中心人物の1人が、荒牧慶彦だ。2016年に始まった舞台『刀剣乱舞』(刀ステ)シリーズ、『ヒプノシスマイク - Division Rap Battle -』Rule the Stageなど人気作品に多く出演。キャラクターになりきる演技力の高さで評価を集めてきた。

荒牧は、「Pasture」という事務所を立ち上げ、2・5次元というジャンルを底上げするために考えを巡らせている。プロデュース公演を企画・開催するなどビジネス面にまで注力するのもそのためだ。

『日経エンタテインメント!』では、エンタ界の新しい潮流の中にいる、荒牧の展開を追っていく。連載初回は、荒牧と2・5次元舞台の出合い。そこから、今の考えに至るまでをひも解いていく。

## 『テニミュ』で気づいたこと

高校生の頃に友達が芸能活動をしていて、そういった仕事があることは認識していましたが、本格的に目指したのは大学生の就活の時期でした。親から大学にいる間は学業に専念するように言われていたので、俳優デビューは卒業後の23歳、12年のことでした。芸能活動を始めるには比較的遅いスタートですし、焦りも感じていて。そこで、「今後、俳優として生きていくため」の自分なりの道筋を立てたとき、「ミュージカル『テニスの王子様』（以下『テニミュ』）に出ようと決めたんです。

『テニミュ』は既に〝若手俳優の登竜門〟として知られていました。遅いスタートである僕は、少しでも多くの方の目に直接触れる可能性が高く、熱心なお客様の多い作品を目指したというわけです。

そこから、ネットで『テニミュ』出演者を多く輩出している事務所を探し、面接を受けました。その面接のときに『テニミュ』のオーディションのお話をいただき、即答で「受けます」とお返事しました。若気の至りで、「必ず受かる」という自信もあって（笑）。そのくらいの気持ちで挑んで、合格をいただきました。

当時は、原作モノの舞台に「2・5次元」という名前はついておらず、今ほど爆発的な人気もありませんでした。どちらかと言うと「モノマネ舞台」と揶揄《やゆ》されていて、本質を見ずに判断され笑われることもありました。

実際に僕も、最初は『テニミュ』に対して良いイメージだけを持っていたかと言えば、そうではなかった。でも、出演が決まって初めて舞台を見たときに、同年代や僕より年下の役者さんたちが全力で動き回って表現している姿に、大きな感動を覚えたんです。あんなに全力な人たちを今まで見たことがなかったから。改めて、ここで生きていく覚悟を決めた瞬間でした。

でも、最初は右も左も分からず、どうやってお客様にアピールしたらよいのかも分からなくて…。経験豊富な共演者たちに、本当にいろいろと助けてもらいました。

『テニミュ』の出演がきっかけで2・5次元舞台の素晴らしさに僕自身が気づき、「これは僕にとって天職になるな」と感じました。「こんなに楽しい舞台がはやらないはずがない」という確信を持てたんです。その思いを日に日に強くしていって、2・5次元の舞台に立ち続ける今の僕があります。

2・5次元舞台に出続けることで、荒牧は周りから「いつまでそのジャンルをやるのか」という疑問の声を投げかけられることもあった。そんな状況が一転、周囲が出演し続けるべきだという流れに変化してきたと感じたのが、自身も出演する舞台『刀剣乱舞』シリーズが誕生した16年頃だったという。

## 『刀ステ』で得た大きな糧

『刀剣乱舞』の舞台作品のヒットにより、ようやく「2・5次元」というジャンル名が根付き、演劇界や世間的にも認知度が上がっていくのを肌で感じました。でも16年の初演、舞台『刀剣乱舞』虚伝 燃ゆる本能寺はすごく大変でしたよ（笑）。僕の演じる山姥切国広《やまんばぎりくにひろ》は、フード部分が大きいので前も見えないし、布が刀に絡まることもしょっちゅうで、おまけに衣装も重いんです。でも、そのおかげで役者として鍛えられましたし、舞台『刀剣乱舞』の経験値は、僕の俳優人生の大きな糧です。歌がないぶん、殺陣で魅せなければいけないので、この舞台で殺陣もどんどん洗練されていったと思います。

殺陣だけではなく、2・5次元舞台の役作りは、原作に忠実なぶん、すごく難しい。完璧にモノマネするのではなく、キャラクターイメージに近いものを自分なりに表現して、そこから役を固めていくことを意識しています。もともと小さい頃からアニメやマンガが好きだったので、僕は「原作を大切にしたい」という思いが人一倍強いように思うんです。原作ファンの方を裏切らないよう、見た目はもちろん小さな動きや声など細部にまでこだわるようになりました。

22年に俳優デビュー10周年を迎え、「2・5次元界全体の未来を作っていきたい」と意識するようになった荒牧。自らも所属する事務所の社長として所属俳優たちの可能性を見出していきたいとも考えている。同年6月にはプロデュース公演「演劇ドラフトグランプリ」を日本武道館で実現させるなど（32ページ参照）、プロデューサーとして着々と動き始めている。

今の僕が、2・5次元作品と並行して映像作品に出演したり、プロデュース公演を開催することは、スケジュール的に無謀なことなんです（笑）。でも、以前からネルケプランニングの松田誠さん（※）が、「今後は、俳優自身が企画プロデュースするべきだ」とおっしゃってくださっているように、僕もそうであるべきだと感じていて。そのためには、道なき道を歩いていかなければならないし、プロデュース公演は無謀だと言われてもやる意味があると思います。

6月に開催した「演劇ドラフトグランプリ」もその1つ。きっかけは、松田さんから「面白い企画はないか」と持ち掛けられたときに出たアイデアです。役者が共演者や演出家を指名するなんて、前代未聞ですよね（笑）。〝お祭り〟になるといいなとは思っていたけれど、まさか武道館でやらせていただけるなんて想像を超えました！

　審査員も豪華な方々が集まってくださって。「2・5次元でドラフト会議をするなら、審査員に『週刊少年ジャンプ』の編集長は欠かせない。もちろん『週刊少年マガジン』『週刊少年サンデー』の編集長にも来ていただきたい」という夢のような話をしていたら、本当に実現できました！　何事も言ってみるものですね（笑）。周りの方々に感謝ですし、おかげで素晴らしいイベントになったと思います。

　2・5次元界を大きな箱として見て、どのように盛り上げていけばよいのかと考えたとき、唐橋（充）さんや高木（俊）さんといった素晴らしい年長の役者さんたちのこともっと知っていただきたいという気持ちが大きくて。先輩方の魅力がみなさんに伝わり活躍してくださることで、今2・5次元舞台で活動する俳優たちが、何歳になっても楽しく舞台に立っていられる未来を作っていきたいんです。

　今のお客様は役者個人のファンの方が多く、他の役者や演出家を認知していただく機会は限られているのが現状ですが、こういう〝お祭り〟では、多くの場所に目が行きやすい。次への扉を開くきっかけがこの企画にあると考えました。

　後輩たちのためにも、新しい道を開拓していきたい。もちろん僕も、役者として頑張りたい。「2・5次元の良さをより多くの方に知っていただく」。そんな荒牧慶彦の挑戦を、この連載でお届けできればと思っています。

(『日経エンタテインメント!』2022年9月号掲載分を加筆・修正)

※『テニミュ』をはじめ、様々な2・5次元舞台を手掛けるネルケプランニングの前会長でファウンダー。また、一般社団法人2・5次元ミュージカル協会の代表理事も務めている。

荒牧慶彦

ARAMAKI YOSHIHIKO

2と3の

2 TO 3 NO AIDA

あいだ

# #02

対談

# 鈴村健一（声優）

## 事務所社長&プロデュースを演者がやるということ

**すずむら・けんいち**
9月12日生まれ、大阪府出身。1994年のデビュー以降、声優、ラジオ、ナレーションなど多方面で活躍。主な作品に『おそ松さん』（15年～）、『銀河英雄伝説Die Neue These』（18年～）など多数。所属事務所インテンション代表取締役。YouTubeチャンネル「鈴村健一の声優のかじりかた」では声優志望者に向け動画を配信中。

**俳優・荒牧慶彦の連載「2と3のあいだ」の初ゲストに、声優の鈴村健一が登場。荒牧と同じく事務所の代表取締役という顔も持ち、プロデュース業も行う大先輩の鈴村に荒牧が質問を重ねていく。2・5次元界、声優界の新しい道を模索し、開拓してきた2人が思い描く未来のエンタテインメント界とは。さらに、表に立つ者が事務所を経営する意味、自身のプロデュース公演についても聞いた。**

2022年8月には新作舞台『ゲゲゲの鬼太郎』で主演。並行して同年6～7月に『ヒルナンデス!』（日本テレビ系）で月曜シーズンレギュラーを務め、9月17日には人気声優陣が多数出演する即興劇『AD-LIVE（アドリブ）2022』（以下、『AD-LIVE』）の出演が控えるなど（連載当時）、2・5次元舞台を広めるため、舞台に加えあらゆる角度からアプローチを図る荒牧慶彦。連載の初ゲストとして声優の鈴村健一を招き、2・5次元界と声優界の思い描く未来を考えていく。

鈴村は『銀河英雄伝説 Die Neue These』ヤン・ウェンリー役、『銀魂』沖田総悟役など言わずと知れたトップランナーの1人。一方で12年に声優事務所「インテンション」を立ち上げ、昨今の声優独立のムーブメントも作った。また、前出の『AD-LI

VE』の総合プロデューサーも務め、全国展開できる規模の公演に育てている。
役者・声優と事務所経営者、そしてプロデュース業のマルチタスクから見えたものは？

## 好きにできる場所を求めて

**荒牧**　今年の『AD‐LIVE』に初めて参加させていただくにあたって、出演者発表会などではお話しさせていただきましたが、きちんと対談させていただくのは初めてですね。僕はアニメが大好きで、もちろん鈴村さんの作品も拝見していたので、夢のようです！

**鈴村**　ありがとうございます。実は演出の川尻（恵太）さんが、「いつか舞台で活躍している方に『AD‐LIVE』へ出演してもらいたい」という夢をよく語ってい

### AD‐LIVE（アドリブ）2022

**鈴村健一プロデュースの即興劇に2・5次元俳優が参戦**

大まかな世界観と舞台上で起こるいくつかの出来事を除き、出演者がセリフ、キャラクターすべてをアドリブで紡ぐ即興劇。2022年は「痛快群像劇！」をテーマに、テレビ局を舞台にした物語が展開。全6日間12公演で、各公演３名のキャストが出演した。初出演となる荒牧、和田雅成、鳥越裕貴ら俳優陣のほか、津田健次郎、神谷浩史、速水奨ら人気声優陣も登場。

8～9月に東京、千葉、大阪で開催された。ブルーレイ&DVD1～6巻発売中。

全公演終了。

て。何年も前から出演候補に荒牧さんの名前は挙がっていたんですよ。

**荒牧**　そうだったんですか⁉　ありがとうございます。今日はいろいろお伺いしたいことがあるのですが、僕は「Ｐａｓｔｕｒｅ」という事務所を立ち上げて間もないので、まずは、事務所経営についてお聞きしてもいいですか。鈴村さんが「インテンション」を立ち上げられたのは12年と伺ったのですが、以前の事務所を独立されたきっかけは何だったのでしょうか。

**鈴村**　20代の頃、事務所に「自主制作ユニットを立ち上げたい」と言ったことがあって。今でこそ声優はマルチに活動の幅を広げていますが、声優業界の歴史で見れば、声優一個人がビジネスとして成立するようになったのは、ここ最近の出来事。当時の僕はかなりの異分子扱いで（笑）、「今思いついたことをすぐに生み出すフットワークの軽さが大事」だと感じていたのに身軽に動けなかった。そこで事務所に相談したところ、独立へと背中を押していただきました。

だから今、僕は所属タレントに対して、「好きなようにやりなさい」というスタンスで干渉はしません。個性の時代といわれる今、若者たちにそういう場所を与えることが事務所経営に必要だと感じているからです。

**荒牧**　すごく大切なことですね。実は僕の事務所にも新しい仲間が加わることになったので、鈴村さんの事務所のような場所になるよう頑張ります！

また、新人育成にも力を入れていきたいと考えていて。2・5次元の業界は最前線で活躍する人の年齢が上がっているので、〝次世代を育てたい〟という思いが強いんです。

**鈴村**　僕も子どもが生まれて考え方が変わり、若い人にどんどんパスをつなげたいと思っています。

**荒牧**　うちの事務所から若いスターを…なんて願いもあります（笑）。

**鈴村**　僕もそれはずっと悲願として持っています！　事務所を経営する立場になって、〝自分ですべて責任を持てる状況〟になれたことも僕にとっては良かったこと。語弊を恐れずに言うと、不思議なことにタレントは表に出ているのにコンテンツのコアにはいないんですよね。もちろん監督とセッションをしたり、制作に携わってはいるけれど、その渦中にいるわけではなくて。いろいろな方に支えられてタレントが立っているんだということは、経営をやってみて戒められたことでした。

**荒牧**　僕も経営を始めて、お金の流れを把握できたことで周りの人の流れがようやく見えてきたんです。どういう人が携わって、どのスタッフさんがどんな仕事に時間を割かれているのかが分かると、改めて周りの方への感謝を感じることができました。これは俳優だけの側面からでは見えなかったかもしれません。

荒牧は6月にプロデュースに携わった「演劇ドラフトグランプリ」を実現。鈴村は08年から『AD-LIVE』を続け、声だけを生業《なりわい》としていた声優が顔を出す新しいスタイルで声優界に新たな風を吹き込んだ。忙しいなか、プロデュース公演を続ける意義とは。

**荒牧**　「AD-LIVE」は、22年で14年目を迎えるとのことですが、どのようなスパンで次回の企画を練っているのですか?

**鈴村**　毎回、1年前から企画は作りますね。終わったと同時に企画会議を開始します。

**荒牧**　本業をやりながらのプロデュース公演は、並大抵のパワーではできないですよね。

**鈴村**　僕はただのやりたがりなだけ。20代の頃から人を集めてラジオドラマを作ったりすることが好きで…お金がないから稽古場は公民館を手配して、自分でマイクを立てて、6時間の大作を作ったこともありました(笑)。データをなくして、手元にないけど…。

**荒牧**　それはもったいない! 聴きたい人がたくさんいると思います。

**鈴村**　（笑）。当時は、売れた同期がいろいろやり出していたのが悔しくて。「いつか自分も」という思いを20代に溜め込んで30代になって、それなりに声優としてバリューが出てきた頃に「今しかない！」という思いで企画プロデュースを始めました。自分で企画書を書いていろいろなところに持っていったりしてね。本当に大変だけど、不思議なもので好きだからできちゃうんです。『AD-LIVE』はこれだけ長くやってきた公演なので、なるべく多くの方に理解してもらいたいし、いつかは誰かに託したいと考えています。…荒牧さんになら差し上げますよ（笑）。

**荒牧**　恐れ多いです！（笑）。僕がプロデュース公演で最も苦戦したのは、役者陣の思い、事務所の思い、スタッフの思い、それぞれベクトルが違うことでした。鈴村さんはどのように調整されましたか？

**鈴村**　僕は、「やりたいことがスポイルされないか」というところに1番重きを置いています。そこを守りながら、バランスを取っていく…という感じ。そこでどう口説いていくかだけど、僕や荒牧さんのようにタレントとしてプロデューサーの立場にいるということは、1つのアドバンテージにもなるんです。タレント側の気持ちが分かるということを身をもって伝えられるので、事務所さんもある程度ご理解いただける。そこにタレントがプロデュースする意味があるんじゃないかなと思っています。

22年から『AD-LIVE』の出演者に、荒牧をはじめとする2・5次元俳優が参加。声優が中心のコンテンツに、役者が加わるのは初の試みだという。そこには鈴村の「ジャンルの壁を壊していきたい」という強い思いがあった。

## どんどん変わることが必要

**鈴村**　『AD-LIVE』という企画は、フォーマットが構築されています。僕としては、声優だけでなく様々な業界の方が参加できる器として作った自負があって。だからこそ、今回2・5次元の方に出ていただけることで僕の夢がかないました。この器がどこまで機能するかが僕のチャレンジ。俳優の方々にはスキルも求められますが、そこはすごく期待しているし、安心もしています。あれだけ舞台に立ち、原作の世界観を言葉と体だけで表現されている方々なので、すごい速度でキャッチしてくれるんじゃないかな。

**荒牧**　ありがたいお言葉ですが、プレッシャーは感じています(笑)。結局は相手の出方次第ですよね。

**鈴村**　その通りです。1人で想像し過ぎてしまうと立ちゆかなくなりますからね。

**荒牧**　でもアドリブを打たせていただけるのは、役者冥利に尽きます。話の流れを戻せることは大前提ですけど、僕は誰かがてんやわんやしている姿が大好物で(笑)。

**鈴村**　役を演じながらも一瞬垣間見える役者さんの素顔が楽しいですよね。それがきちんとバラエティとして受け入れられる空間になっているので、どう転がってもすべらんのですよ！

**荒牧**　その言葉で安心しました(笑)。僕たちが参加することで、新しい波を起こせたらうれしいです。

**鈴村**　将来的に、声優と2・5次元の世界が混ざり合う瞬間が来たら面白いですよね。そういう壁をどんどん壊して、エンタテインメントの世界はどんどん変わっていかなきゃいけない。そんなビジョンを思い描いているなかで、こうしてコラボレーションさせていただけることがうれしいし、いつかこれが当たり前になっていく世界になるといいなと願っています。

**荒牧**　僕もそのビジョンを見据えて、動いていきたいです。

**鈴村**　でも、そんなエンタメの歴史に新しいジャンルを生み出して、さらに急成長を遂げた2・5次元の世界は素晴らしいですよ！

**荒牧**　ありがたいことです。道なき道なだけに、次の一手が正しいのか悩んだり、怖さも感じますが、突き進んでいきたいです。

**鈴村**　革命の渦中に身を置くことができているなんて。僕はエンタテインメント界でパイオニアになりたいと思って活動しているんですが、その切符を手にしているようなもの。ぜひ僕にパイオニアになった姿を見せてください。期待しています。

**荒牧**　信念を持って進んだ先でそんな姿をお見せできるように頑張ります！

（『日経エンタテインメント！』２０２２年10月号掲載分を加筆・修正）

# #03

# 「役者・荒牧慶彦」をプロデュースする

2・5次元業界がさらに広がってほしい。その目標と願いのため役者として何ができるか模索を続ける荒牧慶彦。プロデューサー業に着手するなか、「役者・荒牧慶彦」のプロデューサーとしては、どのような道筋を立てているのか、2022年7~8月に上演された舞台「ゲゲゲの鬼太郎」、同年10月の『ヒプノシスマイク -Division Rap Battle-』Rule the Stage、11月の舞台「あいつが上手で下手が僕で」シーズン2の最新3作から、その思考をひも解いていく。

2・5次元舞台に大勢のファンが詰めかけるようになり、作品をけん引する役者として、エンタテインメント界全体にその名前が知られるようになった荒牧慶彦。だが、2012年に俳優デビューした当時の2・5次元業界はまだ発展途上の段階だった。荒牧自身「業界と共に育っていきたい」と願っていた通り、荒牧が俳優として成長するにつれ市場も拡大。エンタ界の歴史に新しいジャンルを構築するまでになる。

2・5次元業界が業界としてさらに広がってほしい、その目標と願いのために役者としてできることも荒牧は模索している。作品において、その歩みの1つとなったのが、『ヒプノシスマイク -Division Rap Battle-』Rule the Stage（以下、『ヒプステ』）の白膠木《ぬるで》簓《ささら》役だった。

オヤジギャグを連発するひょうきんなお笑い芸人で、関西弁が特徴的なキャラクター。従来の荒牧が演じてきた役柄とは真逆のアプローチとなり、演者を発表した当時は驚きの声が上がった。「役者・荒牧慶彦」のプロデューサーとして、荒牧はどのような道筋を立てているのか。近年の出演作を通して、その軌跡をたどっていく。

役者を始めたての20代前半や中盤あたりまでは、とにかく「カッコいい役がやりたい」

という気持ちが大きかったですね。ありがたいことにファンの皆様からもカッコいいキャラクターを支持していただけて、「荒牧君にはカッコいい役をやってほしい」と言っていただけることも増えました。ですが、舞台経験を重ねていくうちに「みなさんに喜んでいただける役ばかりを演じていていいのか」という疑問も生まれてきて…。現状維持ではなく、役者としての幅を広げるためにも、三枚目のキャラクターを演じてみることが必要なのではないかと考えていたんです。

## 今こそ真逆のアプローチを

そんなときに『ヒプステ』の白膠木簓役にチャレンジするべきかどうかの決断がありました。〝関西弁〟〝ラップ〟と荒牧慶彦のイメージとは全く違うキャラクターだったので悩んだのも事実です。でも、僕の中のプロデューサー気質の荒牧が「この役はやるべきだ！」と言ったんです(笑)。

これまでの役柄とは違ったアプローチですし、ファンの皆様が受け入れてくださるのかという不安もありました。でも、こうした挑戦が役者としての幅を広げていくのだと思ったし、「僕ならできる」という漠然とした自信もありました。これまで原作へのリスペクトを忘れず、様々な役柄に挑戦してきたことで、「荒牧が演じてくれるなら安心だ」と言ってくださるファンの皆様の信頼を得ることができたのではないかと思うんです。そういったファンの方々の応援と信頼こそが僕の自信の源です。

実際に挑戦してみると、『ヒプステ』の楽曲はかなり高度なラップなうえに、簓は関西弁ですから、韻を踏むのが難しくて。リズムの取り方も独特で、ほぼコントのような掛け合いもあります。今でもレコーディングのたびに絶望してしまうくらい大変でした（笑）。

簓を演じるからには、笑いに妥協はしたくない。幕間に簓と躑躅森《つつじもり》蘆笙《ろしょう》（里中将道）の漫才のような掛け合いがあったのですが、やるからには「お客様を笑わせてなんぼ」という気持ちで、自分でセリフを付け足して稽古場で披露したんです。演出の（植木）豪さんも笑って「どんどんやって」と言っていただけたので、とにかく笑いに振り切ることを意識しましたね。セリフや演技でお客様の心を動かす今までの感覚とは違って、笑いを取るキャラクターは脚本外のところで舞台の流れを引っ張っていかなければならない。そういった物語の緩急をつける力は、簓を演じることで新しく学びました。

実は、舞台「ゲゲゲの鬼太郎」で鬼太郎を演じていたときも、藤井隆さんが演じていたねずみ男がまさにそのポジションで。藤井さんがどう動いて笑いを取りたいのか、そのために僕がどう立ち回ればよいのかが分かるようになっていたんです。それは鯱を演じた結果、身に付いた力だと思っています。

水木しげる生誕100周年を記念し、荒牧主演で、明治座で上演された舞台「ゲゲゲの鬼太郎」。原作は、1965年にスタートした『週刊少年マガジン』の連載以降、半世紀以上にわたり人々に愛されてきた、言わずも知れた名作だ。

この作品を引き受けた背景には、「2・5次元の楽しさをより多くの人に伝えたい」という強い思いがあったという。

みなさんが知っている作品を題材にすることで、お子さんたちや普段舞台に興味のない方がこの作品に目を向けていただけるきっかけになりますし、そこから新しい広がりが生まれたらいいなという願いを込めてお話を受けました。2・5次元舞台の楽しさをより多くの方に伝えられる絶好の機会だと思ったんです。

19年に僕が出演した舞台「サザエさん」も、原作は誰もが知る名作アニメ。この出演をきっかけに、エンタメ業界の方からの2・5次元作品への見方が変わったように感じていて。僕のファンの皆様がたくさん見に来てくださったことで、「荒牧慶彦とは何者だ?」『2・5次元』って何なんだ」と興味を持っていただけたんです。僕が舞台に立つ姿を通して、作品のファンの皆様や僕のファンの皆様にはもちろんですが、「2・5次元舞台に立っている俳優は、これだけのことができるんだ」という業界の方々へのアピールにつながったと思っています。その手応えがあったおかげで、『ゲゲゲの鬼太郎』という名作を明治座という大きな場所で主演として立つという道を、自信を持って選べました。

出演者の方々も、浅野ゆう子さんをはじめ、声優の上坂すみれさん、元宝塚歌劇団の七海ひろきさん、お笑い芸人の藤井隆さんやカラテカの矢部太郎さんと各ジャンルから名のある方々が勢ぞろいしました。まさに異種格闘技!(笑)。最前列に男性がズラッと並んでいた公演もあって、新鮮でしたね。でも、みなさんすごく楽しんだ目をしてくださっていたので、いいアタックを仕掛けられたんじゃないかな。普段とは違う客層で緊張もしましたが、客席に僕のファンの方を見つけるとすごく安心できたので、いつも通りリラックスして鬼太郎を演じることができました。

今もなお、急成長を続ける2・5次元業界だが、新しい挑戦といえるのが『あいつが上手で下手が僕で』（通称カミシモ）だ。日本テレビ・読売テレビ他で放送されたドラマから始まり舞台へと続いたオリジナル作品で、出演者は2・5次元業界で活躍する俳優陣。これも制作陣が2・5次元俳優たちの力を認めた結果、生まれたものだという。

## 実力が認めてもらえるように

2・5次元というと「2次元のものを3次元に落とし込む」ことが大前提なので、原作がないと始まらないのは当たり前のこと。原作の力を最大限に引き出しつつ、原作に頼るだけではないエンタテインメントとして成熟していく必要があると考えています。市場が拡大しているといっても、まだ2・5次元舞台を見ることに引っ掛かりを持つ方々が多くいるのも現実です。この作品を引き受けた裏には、「2・5次元で活躍する俳優が2・5次元以外の作品に出演することで、より広い層の方々の目に触れてもらえるきっかけになればば」という思いがありました。

2・5次元業界を飛び出したとき、制作陣の方々に「2・5次元の俳優さんってすごいんだね」と驚かれることが多々あって。『ゲゲゲの鬼太郎』の現場でも、初共演だった（藤井）隆さんに「君たちがやっていることは本当にすごいことだよ」とたくさん褒めていただけました。原作監修のある舞台は、原作への解釈に齟齬《そご》がないように演じないといけないし、最後までセリフの調整が行われることもしょっちゅうで。僕たちは知らず知らずのうちに鍛えられていたみたいで（笑）、すぐに対応することができるんです。でもその光景は、隆さんから見るととんでもないことのように映っていたようで。共演経験のある浅野（ゆう子）さんは、僕のそうした姿を知ってくださっていたので、今回も座長として僕をすごく立ててくださいました。こうして、僕たちを認めてくださる方が増えていったことで、地上波でのドラマや、僕をはじめ2・5次元俳優を中心としたバラエティ番組『ろくにんよれば町内会』が実現できたのだと思います。

そうして21年に地上波ドラマとしてスタートした『あいつが上手で下手が僕で』は、原作なしで地上波という点でも、役者としての力を発揮できる場所になりました。第2弾となる舞台も（22年）11月18日より幕が上がります（上演は終了）。お笑い芸人たちの群像劇なので、お客様にはただ笑って楽しんでほしい！　何も考えずに笑える場所にしたいと思っています。

僕がスペシャルゲストとして参加する即興劇『ノリウチ!〜ヒューリックホール東京店〜特別出張編』（22年10月17日上演）も同じく自由な作品です。演技の余白を楽しむというか、こうした舞台が今のお客様のニーズに合っているのかもしれませんね。一発本番の即興劇なのですが、2・5次元舞台で経験を積んできた役者たちだからこそ、演じる側もこうしたコンテンツを楽しめているような気がしています。

## 新しい道を進み続ける荒牧が、次に選ぶ役どころとは？

映画『ジョーカー』でホアキン・フェニックスが演じていたジョーカーのような、言わば「完全悪」とされるキャラクターを演じてみたいです。出てくるだけで寒気がするくらいの狂気を秘めているけれど、どこか心を揺さぶるような…そういう芝居がしたいです。「カメレオン俳優」と呼ばれるような存在になりたいので、できる限り多くの役柄に挑戦していきたい。そのうえで、より多くの方の印象に残り、2・5次元業界自体の存在を広めていきたいと思っています。まず今は、「鬼太郎の人」として覚えてもらえたらうれしいです（笑）。

（『日経エンタテインメント！』２０２２年11月号掲載分を加筆・修正）

## 多彩な役柄や演目に挑戦
## 荒牧の2022年後半の主な出演舞台

### 『ヒプノシスマイク -Division Rap Battle-』 Rule the Stage«どついたれ本舗 VS Buster Bros!!!

白膠木簓（ぬるで・ささら／荒牧）率いるオオサカ・ディビジョン“どついたれ本舗”と山田一郎（高野洸）率いるイケブクロ・ディビジョン“Buster Bros!!!”の戦いが描かれる。東京公演は22年9月23日（金）～10月2日（日）までTOKYO DOME CITY HALLにて、大阪は10月5日（水）～10日（月・祝）までCOOL JAPAN PARK OSAKA WWホールにて上演。

### 舞台「あいつが上手で下手が僕で」シーズン2

2021年に日テレ系でテレビドラマとしてスタート。時浦可偉（荒牧）と島世紀（和田雅成）のお笑いコンビ「エクソダス」を中心に繰り広げられる、芸人群像劇の舞台化第2弾。11月18日（金）～24日（木）まで東京・日本青年館ホールほか。23年にはドラマシーズン2の制作が決定。

### 舞台「ゲゲゲの鬼太郎」

マンガ家・水木しげるの生誕100周年を記念し、名作『ゲゲゲの鬼太郎』を荒牧主演で舞台化。東京・明治座ほかで22年7～8月に上演し、好評を博した。共演に上坂すみれ、藤井隆、七海ひろき、浅野ゆう子ら。

公演は全て終了。

# #04

# 2022年は〝駆け抜けた年〟2・5次元の価値を上げていく

俳優として2・5次元界のトップを走り、株式会社「Pasture」の代表取締役も務める荒牧慶彦。この回では、2022年の荒牧の活躍や2・5次元界に起きた印象的な出来事を振り返りながら、2023年以降の展望を聞いた。

人気作MANKAI STAGE『A3!』ACT2!～SPRING 2022～や『ヒプノシスマイク -Division Rap Battle-』Rule the Stage《どついたれ本舗VS Buster Bros!!!》をはじめ、明治座で座長を務めた舞台「ゲ

ゲゲの鬼太郎」など、俳優のステージを1つ上った荒牧慶彦。さらに代表取締役を務める個人事務所Pastureに新メンバーが加わり、事務所経営にも尽力した1年に。

今回は、荒牧にとってまさに〝駆け抜けた年〟となった2022年を振り返っていく。なかでも注目したいのが、荒牧がプロデュースした「演劇ドラフトグランプリ」。本公演は、ドラフト会議により結成された4チームがオリジナル演劇を制作し、競い合う演劇バトル。荒牧の斬新なアイデアと日本武道館という規模感により、幅広い業界で注目を集めた。俳優業と並行してのプロデュース公演の裏には、並々ならぬ努力があったという。

22年に入った頃には、既に「演劇ドラフトグランプリ」をプロデュースすると決まっていたので、頭の片隅ではずっと公演のことを考えていました。初めてのことですし、規模も大きかったので「どうしよう」と(笑)。俳優活動だけでは見えていなかったものがたくさん見えてきたし、勉強になることばかりでした。前例のない公演ですし、至らない点もあったと思いますが、みなさんのご協力のおかげで、やり遂げることができました。

その結果、ファンの皆様から高い評判をいただけて、さらに、幅広い業界に「あの公演をプロデュースした荒牧慶彦って何者?」という噂が駆け巡ったと聞いて、すごくうれしかったです。「少しでも2・5次元界を広めたい」という一心だったので、公演後は無事に終わった安心感でどっと疲れちゃいました(笑)。この経験が、この先も生きればいいなと思っています。

次に荒牧がプロデュースするのは、自身の俳優デビュー10周年を祝う『殺陣まつり〜和風三国志〜』。22年12月15日から明治座で上演される。

## 10周年記念公演で主題歌も

実は、昨日も美術打ち合わせに参加してきました(笑)。ゼロから作り上げることは大変ですが、楽しいですね。明治座でやるからには、盆(回り舞台)を回せたらいいなと思っています。100人斬りなど様々なコンテンツを詰め込む予定なので、ファンの方に喜んでもらえるよう準備しています。

さらに、本公演の主題歌をキングレコードさんが制作してくださったんです! 当初より話が大きくなっていて、僕自身も驚いていますが(笑)、10周年に素晴らしい曲をプレゼントしていただけました。公演でお披露目するので、楽しみにしておいてください。

2・5次元舞台を広めるため、プロデュース公演や事務所経営など活動の幅を拡大している荒牧だが、俳優業を主軸に活動することは今後も変わらないという。

23年1月の公演をもってMANKAI STAGE『A3!』を卒業すると11月に発表したことで、不安に思う方もいらっしゃるかもしれませんが、僕は俳優を辞めるつもりはないし、「舞台に立ち続けたい」という意思は変わりません。大前提として僕の心にあるのは「ファンの皆様を楽しませたい」という気持ち。そのためにも、いただいたお仕事はできる限り挑戦して、僕のいろいろな顔を皆様に見せられるように今後も努力します。

そのうちの1つとなったのが舞台「ゲゲゲの鬼太郎」。誰もが知っている国民的なキャラクターを演じられたことは、僕にとってすごく光栄なことでした。さらに新しい挑戦となった声優の鈴村健一さんプロデュースの『AD-LIVE 2022』は、お客様も僕たちのファンの方々ばかりではなく、空気感がいつもと違いました。自分自身の設定だけしか用意できず、他はアドリブなので、「舞台の上で、その場を生きる」という感覚に似ていました。僕は、その日替わり要素が大好きなので、楽しんで舞台に立てたのだと思います。

連続ドラマ『悪女（わる）～働くのがカッコ悪いなんて誰が言った？～』（22年4～6月放送）では、荒牧を筆頭に2・5次元界の人気俳優が続々登場。さらに荒牧らがレギュラーを務めるバラエティ番組『ろくにんよれば町内会』がスタートしたことにより（現在は放送終了）、お茶の間に2・5次元界や俳優陣の名を広めるチャンスが生まれた。水江建太との期間限定ユニット〝まっきーとけんた〟としての音楽活動も好調だ。

ゴールデンタイムの連続ドラマに、ゲストとして2・5次元界で活躍する俳優たちがリレー形式に出演できたということ自体、素晴らしいことですよね。今までの僕たちの活動をより広い範囲の方々に認めていただけているような手応えを感じました。でも肩肘を張って挑むのではなく、今まで通りひたむきに与えられた役柄を演じることに徹しました。そうした積み重ねが、次のお仕事につながると信じているんです。

『ろくにんよれば～』がスタートしたことも大きな出来事。2・5次元俳優たちが地上波でバラエティ番組のレギュラーを持つなんて、まさに「他業界への挑戦状」ですよね（笑）。23年は、ゲストとして出演してくれた魅力的な若手俳優陣と、何か新しいことができたら楽しそうだなと考えています。

（水江）建太と始めた期間限定ユニット「まっきーとけんた」でも、日々発見がありました。正直に言うと、荒牧慶彦として歌でアプローチをするということに好印象を持っていなかったんです。でも、このプロジェクトのおかげで、〝歌うことの楽しさ〟を見いだせた気がしていて。これから先も、様々なことに挑戦するうえで、このアーティスト活動は僕の糧になるはず。22年は、「2・5次元界を広めたい」という夢に向かって大きな一歩を踏み出した年になりました。

## 失敗を恐れず挑戦し続ける

23年の2・5次元界を荒牧はどう見ているのか。

「2・5次元」という名前もどんどん知名度が上がってきて、各業界から注目を浴びるような業界になってきているのではないかなと思っています。野球とエンタテインメントを融合した催し物「ACTORS LEAGUE 2022」の影響も大きかった。2・5次元界で活動する俳優が1つの催し物を行うことで、集客力や経済効果を目に見える数字という形で示すことができる。それを知ってもらうことで、各企業の方々がスポンサーになってくださったり、誰かを広告に起用したり…という「大きなうねり」が生まれていく。そんななかに、僕たちはいるんだなと感じています。

集客力と共に大切なのは、広告展開。それが提示できれば、2・5次元業界自体のランクも上がっていくと思うので、企業へのアプローチは意識しています。『殺陣まつり』では、「明治ザ・チョコレート」さんとコラボさせていただき、現地でサンプルを配布したり、販売してみようということになっています。購入すると僕がチョコを食べているブロマイドがもらえたり、お客様と一緒にいろんなことを楽しめたら。企業にもお客様にも得がある形を目指したいです。

近年のエンタテインメント業界は過渡期にあると感じているので、僕たちもただ流されるのではなく、流れに抗って今の立ち位置をキープし、領土を広げていかなくてはならない。23年にかけてが、僕たちも勝負どころかもしれません。

22年はありがたいことにプロデュース業がうまく進み過ぎていたので、少し怖さも感じています。新しいものを生み出すには失敗はつきものなので、今後は多少うまくいかないことがあっても温かく見守ってください（笑）。23年も失敗を恐れず、子ども心を忘れずに挑戦を続けていきたいです。

（『日経エンタテインメント！』2023年1月号掲載分を加筆・修正）

**舞台** **荒牧慶彦俳優デビュー10周年記念公演『殺陣まつり～和風三国志～』**

“和風三国志”をテーマに殺陣や歌などを取り入れて展開する。趙雲役を荒牧、関羽役を君沢ユウキ、張飛役を田中涼星、劉備役は日替わりゲストが務める。日替わりゲストには、鈴木拡樹、橋本祥平、松田凌、水江建太、植田圭輔、梅津瑞樹、和田雅成。2022年12月15日(木)～18日(日)まで東京・明治座で公演。

**音楽** **期間限定ユニット「まっきーとけんた」**

荒牧と水江建太による期間限定ユニット「まっきーとけんた」が、10月5日（水）にフルアルバム『まっきーとけんた』をリリースした。さらに12月27日（火）・28日（水）にパシフィコ横浜・国立大ホールで、『まっきーとけんたone man live「まっきーとけんたのらいぶ」』を開催。

公演は全て終了。

# 05

対談

# 佐久間宣行（テレビプロデューサー、ラジオパーソナリティー、作家）

# ヒットメーカーと考える2・5次元界

さくま・のぶゆき
1975年11月23日生まれ、福島県出身、1999年にテレビ東京に入社し、『ゴッドタン』『あちこちオードリー』など人気作を手掛ける。21年にフリーランスに転身。番組制作やラジオの他、YouTubeチャンネル「佐久間宣行のNOBROCK TV」や『鎌倉殿の13人』の特番MCなど多方面で活躍。

**2・5次元の文化を発信し続けている荒牧慶彦。今回のゲストは、数々のバラエティ番組を手掛け、ラジオパーソナリティーとしても活躍する佐久間宣行プロデューサー。2020年代を代表するヒットメーカーに、荒牧が今の2・5次元界の課題や今後の成長の展望について思いをぶつけた。**

2022年は舞台「ゲゲゲの鬼太郎」で主演を務め、『あいつが上手で下手が僕で』シーズン2や『ヒプノシスマイク -Division Rap Battle-』Rule the Stageなど2・5次元の人気作に出演。それに加え、代表取締役を務める芸能事務所「Pasture」も所属俳優を増やし、いよいよ本格始動など、前進し続けている荒牧慶彦。

今回のゲストは、プロデューサーで演者としても存在感を放つ佐久間宣行。

佐久間は、テレビ東京で『ゴッドタン』『あちこちオードリー』などバラエティ番組のプロデューサーとして活躍し、21年にフリーへ転身。パーソナリティーを務める『佐久間宣行のオールナイトニッポン0（ZERO）』（ニッポン放送）は、注目エンタテインメントから家族のエピソードまで幅広い語りが人気を博している。

ラジオでも様々なエンタテインメント作品を紹介する佐久間は、演劇にも造詣が深く、娘と作品を鑑賞していたほど「2・5次元は身近なものだった」と言う。
そうした2・5次元の市場拡大を感じる一方で、荒牧は新しいコンテンツを生み出すために試行錯誤を繰り返している。制作者と演者の双方の立場を理解する佐久間とともに、2・5次元界の未来や課題について考えていく。

**荒牧**　佐久間さんとお話しするのは初めてなので、たくさんお話を聞かせてください！
僕は制作者としてまだ駆け出しですが、プロデュース公演を通して、演者をやりながら作り手に回る大変さを痛感しました。演者として舞台に立っている間は、制作を同時進行できないもどかしさを感じて…。佐久間さんはどのように両立されていますか？

**佐久間**　僕は、自分の作る番組に出演することはほぼなく、制作と出演は分けています。その苦しみは、荒牧さんならではですね。
演者として自分が番組に出演した際、制作者の顔が役に立っていることと言えば、「ディレクターの顔を見ると制作者のやりたいことが分かる」ことくらいかな？（笑）

**荒牧**　…どうしたら僕にもその力がつくのでしょう？

**佐久間**　荒牧さんぐらいの存在になると、その力は身に付かなくても大丈夫（笑）。真ん中に立つ仕事をされている方は、〝番組を背負う座長感〟を期待されていると思うので。やりたいことを言うのが1番です。

荒牧はニコニコ生放送『ゆるまきば』の配信を定期的に行い、トークにも定評があるが、バラエティ番組への出演も増え、悩んだこともあったと言う。

**荒牧**　実は、初めてバラエティ番組に出演した際、顔なじみの方々同士で完結するトークが多くて。その輪に入れない悔しさを感じたことがあったんです。

**佐久間**　どこか試されているような感じがしてしまったのでは？

**荒牧**　まさにそうです。「このトークは大丈夫かな」と評価を気にして、緊張していた気がします。

**佐久間**　その気持ちも分かるけど、MCを〝困ったら頼れる人〟だと思うことが大事。今MCを任されている方々は、どんな球を投げても何とかしてくれますから。

**荒牧**　番組を盛り上げる1つのチームですもんね。その気持ちを忘れずに楽しみます！

## 若い世代が多いのはお笑い

22年より地上波でレギュラーがスタートしたバラエティ番組『ろくにんよれば町内会』で、本格的にテレビに進出。2・5次元界の認知度を広める一方で、荒牧は、実際に舞台へ足を運んでもらうファンを増やすにはどうすればよいのか思い悩んでいた。

**荒牧** 佐久間さんは、2・5次元界をどうご覧になっていますか？

**佐久間** 高校生の娘が2・5次元のファンなので、ミュージカル『テニスの王子様』も見に行きました。娘は『刀剣乱舞』シリーズも大好きなので、実際に奉納されている刀を一緒に見に行ったこともあるくらい。僕は演劇やミュージカルが大好きだし、2・5次元は僕にとって身近なジャンルなんです。みなさんが思っているよりも詳しいと思いますよ(笑)。

僕から見た荒牧さんは「2・5次元のスター」というだけではなく、その先のキャリアまで計画を立てて活動されている方という印象。ファンは大切だけれど、2・5次元界をファンのためだけの閉ざされた世界にするのではなく、外に向けて広げていこうとされていて、尊敬しています。

**荒牧**　ありがとうございます！　僕はこれまで2・5次元界を盛り上げたいという思いでやってきましたが、こんな大きなものになるとは想像もしていなかったです。ただ、どうしても舞台はクローズドな世界。だからこそ、テレビへ飛び込みました。

ようやく『ろくにんよれば町内会』などのバラエティ番組を地上波でスタートさせることができて、手応えは感じていますが…。テレビを見てくれた新しいお客様が、舞台に足を運んでくれるようになることが目標なんです。

**佐久間**　荒牧さんがバラエティ番組に挑戦されているように、異業種交流戦は効果があると思いますよ。ガムシャラにあらゆるジャンルに出向くのではなく、ファン層がつながりそうな分野とコラボレーションして自分たちの強みを見せに行くことだと思います。

その成功例でいうと、若手の男女8人組のダウ90000。彼らは20年に演劇団体として旗揚げしているんですが、演劇公演のほかにコントライブも開催していて。メンバーの蓮見（翔）君とも話したところ、演劇はチケット代が高いうえに年に2回ほどしか公演もできないので、ファンが継続しないのが悩みだったそう。そこで彼らは、お笑いのファンを取り込もうと考えたんです。

YouTubeチャンネルの「ダウ九萬」でコント動画を出して、22年には『キングオブコント』（TBS系）や『M-1グランプリ』（テレ朝系）に参加したり、異業種交流戦に挑戦した。今、若い年齢層のファンが多いエンタメのジャンルはお笑いなので、そのファン層を狙った結果、ダントツで動員力の高い集団へと成長したんです。

**荒牧**　勉強になります…。実践してうまくいくかは分かりませんが、やってみないと始まらないので、チャレンジしていきたいです。

**佐久間**　いいですね！　僕は11年に『ウレロ☆シリーズ』（テレ東系）としてバカリズムや東京03たちで一発本番のシチュエーションコメディをやっていて。ドラマ現場の裏側をコメディにして、そこで起きた出来事をそのままドラマにして放送するという流れだったんですが、2・5次元のみなさんならそれがそのままできそうですよね。例えば、ほぼ成立しない原作を舞台化しなければならないというコメディを第1幕で見せて、そこで決まったことや問題を抱えたまま、第2幕ではとんちきなミュージカルをやってみたり（笑）。

**荒牧**　面白いですね！「2・5次元あるある」も詰め込めますし、既存のファンの方も裏切らない展開に持っていけそう。ステキなアイデアをありがとうございます。

**佐久間**　とんでもないです（笑）。今はコンテンツが増え過ぎたせいか、様々なファンが分断しているのが難しいところ。みんながいろいろなものを見てくれるエンタテインメント界になるよう、頑張りましょう。

2・5次元界盛り上がりの秘訣、そして未来に必要なこととは。

## 新しいＩＰを作っていく

**荒牧**　2・5次元界で大きかった出来事といえば、ミュージカル『刀剣乱舞』が歌番組に出陣したということ。『ＦＮＳ歌謡祭』（フジ系）、『紅白歌合戦』（ＮＨＫ）などの歌番組に食い込めたことで、ジャンルとして1つ認めてもらえた気がしました。ですが、2・5次元は原作ありきの世界なので、原作をやり尽くしてしまえば、それ以上の展望がなくなってしまう。歌番組や他の番組にキャラクターを背負って出演する際も、守らなければいけないものがたくさんありますから。だからこそ、原作に頼り過ぎない新しいＩＰはどんどん作っていきたいです。

ちょうど今、『ろくにんよれば町内会』のなかで僕がプロデュースする舞台の主演を決めるオーディション企画が動き出していて。脚本をお願いしているかが屋さんと一緒に、役決めからすべてを見せることで、「この作品どうなるんだろう」というところから、新しく舞台に足を運んでもらえる方が増えるとうれしいなと考えています。

**佐久間**　それは面白そうですね。他に、2・5次元の持つ強みは何だと考えていますか?

**荒牧**　2・5次元俳優がアイドル化されてきたことで、よりムーブメントが広がったように思います。

2・5次元作品は、お芝居はもちろん、歌やダンスのあるライブパートや客降りのある作品もある。劇場に足を運ぶことで、俳優と場所を共有できる身近さは、2・5次元俳優の魅力だと思っています。

**佐久間**　アイドル的な側面も持っているんですね。実は、荒牧さんがご出演されていた『サクセス荘』(テレ東系)も拝見していて。収録のスケジュールはなんとなく聞いていましたが…大変でしたよね?

**荒牧**　舞台をテレビで見せるというコンセプト番組だったので、1日で3本撮影は苦労しました(笑)。

**佐久間**　そんなの成立しないと思っていたので、正直なことを言うと、「ファン向けのコンテンツなのかな」と思っていたんです。そうしたら、クオリティーが高かったので驚きました。

ただ、僕がそう決めつけてしまっていたように、2・5次元界に「ファン向けのコンテンツ」というオーラがあるのは事実。いい意味でも悪い意味でも、ファンの熱量がすごい場合は、その熱気に覆い隠されて中身が見えないことはよくあります。それを外せば、もっと幅広い方に届く気がしてます。

**荒牧**　ただ、そうした熱量を持って応援してくださる方は、僕たちにとって大切なので最優先に考えたくて。そこに新しい方を迎えることを考えると、バランスが難しいです。

**佐久間**　難しい問題ですね。荒牧さんのように責任感のある方は、自身の影響力を使って、正しくジャンルを広めていこうとされる。でもそれは大変なことでもあるので、肩の力を抜いて頑張ってくださいね。

**荒牧**　ファンの皆様のため、そして2・5次元界の未来のために、自分らしく無理せず頑張ります！

（『日経エンタテインメント！』2023年3月号掲載分を加筆・修正）

# #06

# 2・5次元協会にアクターズリーグ〝役者・荒牧〟を活用して宣伝

２・５次元作品を広めるため、ドラマやバラエティ番組など多方面に出演を続けてきた荒牧慶彦。次の一歩は、一般社団法人 日本2・5次元ミュージカル協会への加入と「ACTORS☆LEAGUE 2023」への参加。自ら〝広告塔〟としても動き出した。

「2・5次元作品を広めたい」と、舞台から飛び出し、テレビドラマやバラエティなど活動の幅を広げる荒牧慶彦。

役者業はもちろんのこと、『ろくにんよれば町内会』から生まれた、自身の企画・プロデュースとなる舞台Ｓｔｒａｙ Ｃｉｔｙシリーズ『Ｃｌｕｂ キャッテリア』も5月12日に開幕が決まっており（公演は終了）、プロデューサー業にも全力投球中だ。

さらに荒牧は、２０２３年2月1日付で一般社団法人 日本2・5次元ミュージカル協会へ加入。また、２・５次元俳優を中心としたスポーツイベント「ＡＣＴＯＲＳ☆ＬＥＡＧＵＥ」で今年はスーパーバイザーの役割を担うなど、着実に1歩ずつ行動を起こしている（95ページ参照）。

業界の認知を広げるため、荒牧が努力を続けてきたテレビ出演も、22年12月に自身の俳優デビュー10周年を記念した『殺陣まつり〜和風三国志〜』の際にファンからもらった手紙から、その影響力の強さを実感したと言う。

## テレビの影響力を再確認

『殺陣まつり〜』で、久しぶりにファンの方から直接お手紙をいただくことができたんです。10周年イベントということもあり、そこには僕のファンになったきっかけを書いてくださっていた方が多くて。読んでいて驚いたのが、『ろくにんよれば町内会』、『サクセス荘』、ドラマ『REAL⇕FAKE』（MBS／TBS）シリーズをはじめとする、舞台以外の様々なジャンルの作品から僕を見つけて、応援してくださっていた方が多かったこと。

もちろん、舞台からファンになってくださった方が大多数であり根幹です。ただ、テレビから入ってくださった方の多さを目の当たりにして驚きましたし、改めてテレビの持つ影響力のすごさを感じました。

それと同時に、僕が「2・5次元を広めたい」という思いでテレビへ参入したことは間違いじゃなかったんだ、と分かってすごくうれしかったです。

1人でも多くの方に劇場へ足を運んでいただきたい。だからこそ、そのためには「目に触れる」ことが大切なんだなと。逆を言うと、見てさえくだされば、2・5次元作品の面白さや俳優たちのすごさを分かっていただけると自負しています。

そういった意味でも、コーセーさんの「エスプリーク」とコラボレーションさせていただけたのは光栄でした。コーセーさんという大企業の方が、2・5次元に興味を持っていただけたこともうれしかったです。しかも、僕たち舞台俳優はメイクが資本ですから、理にかなっていますよね（笑）。

こうしていろいろな仕事をすることで「これは誰なんだろう?」という引っ掛かりから、2・5次元を知ってもらえたらうれしいです。

その1歩として、実は2・5次元業界とテレビでタッグを組んで、やれることはないか模索している最中なんです。例えば深夜の地上波で映画などのように2・5次元作品を放送して、僕らが解説をするとか——実現できるかどうかは別として、何かしら行動には移したいと考えています。

でもせっかく興味を持っていただけたとしても、そこからどうやって僕たちの本職を見てもらうまで持っていけるのか…が、その後の大きな課題ですね。最終的には舞台に足を運んでいただきたいので、そうなるためにどうしたらいいのか試行錯誤を重ねています。

## 2・5次元業界の広告塔に

2月1日に、荒牧は一般社団法人 日本2・5次元ミュージカル協会に個人会員として入会。2・5次元作品の原作元となる出版社やアニメ制作会社、舞台関連の会社が名を連ねるなか、俳優が加入したのは初めてのことだ。

「本格的に2・5次元界の広報活動を担いたい」という思いから、2・5次元ミュージカル協会へ参加させていただくのはどうか、と考えるようになりました。

今まで俳優が協会に所属したことはなかったようなので、元ネルケプランニング会長で協会代表理事の松田（誠）さんに相談したところ、「荒牧が加わることで協会自体のインパクトも出るし、周りに良い影響を与えられるはず」と賛同してくださって。僕も入会させていただくことになりました。

ありがたいことに、反響もたくさんいただいています。俳優仲間から「2・5次元協会員の荒牧さん」といじられることもありますが（笑）、昔から僕の2・5次元作品への思いを知ってくれている仲間たちも多いので、「有言実行していくね」と言ってもらえたことがうれしかったです。

実際のところ、2・5次元舞台に出演していながら、協会の存在を知らない役者もなかにはいると思うんです。だからこそ僕が協会に加わることで、俳優業界へもプラスにつながると考えています。まだ僕が加入したところで何ができるのかは分からないけど、俳優・荒牧慶彦を使うことができるのがプロデューサー・荒牧慶彦の強みだと思っているので、これから模索して進んでいきたいです。

2・5次元業界を広める大きなチャンスの1つ、「ACTORS☆LEAGUE」の開催が23年も決定。

当イベントは、2021年に俳優・黒羽麻璃央がプロデュースを行い、野球とエンタテインメントを融合させたスポーツイベントで、22年には、ゲーム、野球、バスケと種目が増え、広がりを見せた。荒牧は、スーパーバイザーとなりイベントをまとめる。

「ACTORS☆LEAGUE」は東京ドームで野球の試合をしたり、他業界から注目を浴びるほどムーブメントを起こした催し物ですが、23年で3年目。麻璃央君を含むプロデューサー陣から、「新しく面白いことができないか」と相談を受け、さらに火を大きくするお手伝いができれば、という思いから参加させていただくことになりました。

「2・5次元」という名前の一般認知度は広がってきてはいるものの、その実態が何なのか分からない方が多いのは事実。そのためにも、「あのお祭り面白そうだね」と興味を持っていただけるきっかけになるイベントとなるように頑張りたいです。

（『日経エンタテインメント！』2023年4月号掲載分を加筆・修正）

## レポート 「ACTORS☆LEAGUE 2023」

### 俳優が日本を元気にするエンタメ企画

「ACTORS☆LEAGUE」とは、ライブエンタテインメントの楽しさを観客と分かち合うため、2021年7月に黒羽麻璃央が企画・プロデュースを手掛けたプロジェクト。野球とエンタテインメントを融合させた、第1弾となる「ACTORS☆LEAGUE 2021」では、総勢40名の俳優が東京ドームに集結し、大盛況で幕を閉じた。22年に開催された第2弾では、高野洸がゲーム、岡宮来夢がバスケの分野でプロデューサーとして加わり、市場規模を拡大してきた。

記者会見では、プロデューサーの黒羽、高野、岡宮を筆頭に、第3弾の開催を発表。高野プロデュース「ACTORS☆LEAGUE in Games 2023」は6月19日に日本武道館、黒羽プロデュース「ACTORS☆LEAGUE in Baseball 2023」は7月3日に東京ドーム、岡宮プロデュース「ACTORS☆LEAGUE in Basketball 2023」は10月11日に東京体育館・メインアリーナで開催されることが明らかになった。さらに、荒牧の参加が決定。荒牧は、「なんでもエンタメ研究所」の所長かつスーパーバイザーとなり、新たな企画やプロモーション活動を通して、同イベントを盛り上げていく。また、会見では、「ACTORS☆LEAGUE」のライバルコンテンツ、通称 ひらがな『あくたーず☆りーぐ』も発表。アート、平和、フェスを3本柱に展開していく本企画は、唐橋充、髙木俊、寺山武志がプロデュース。11月18～19日に「『あくたーず☆りーぐ』アートフェスタinよみうりランド」を開催する。2・5次元俳優が一堂に会する大型プロジェクトの新たな展開に期待したい。

(写真左から)荒牧、寺山武志、髙木俊、唐橋充、黒羽麻璃央、高野洸、岡宮来夢。荒牧は、白衣に眼鏡で「荒牧所長」の装いに。エンタメ要素満載で会場を盛り上げた。

公演は全て終了。

荒牧慶彦

ARAMAKI YOSHIHIKO

2と3の

2 TO 3 NO AIDA

あいだ

# PART 2

# 本格的なプロデュースに着手

# #07

## 全てプロデュースした
## デビュー10周年記念イベント
## 改めて感じた感謝の気持ち

俳優活動10周年を迎えた荒牧慶彦の集大成となる『殺陣まつり～和風三国志』が2022年12月、明治座（東京・中央区）にて上演。7公演と大規模になった記念公演をどのように作り上げたのか。スタッフとの絆、そしてファンに対する思いとは。

2012年、ミュージカル『テニスの王子様』2nd Seasonで俳優デビューし、俳優活動10周年を迎えた荒牧慶彦。その締めくくりとなる記念公演『殺陣まつり～和風三国志』が、12月15～18日まで明治座（東京・中央区）で開演された。

自身がプロデューサーも務め、演出から舞台セット、衣装、小道具、脚本まで全てに目を通して作り上げた本公演は、まさに10周年の集大成といえるイベントに。そこで荒牧の目に見えてきたものは、10年をかけて培った周りとの信頼と絆だったという。

## まるで夢のような公演に

『殺陣まつり』には、キングレコードの林玄規《はるき》さん、音響のヨシモトシンヤさん、アクション監督の栗田政明さんなど、僕がこれまで作品でご一緒してきた、信頼のおけるスタッフのみなさんが力を貸してくださいました。そのご協力のおかげで、僕の想像をはるかに超えたスケールの大きな公演を作ることができました。

僕はいつも、けっこうな無理難題を言ってしまうんです(笑)。でも、どんなに実現が難しいことも周りの方々は「面白いね！　やってみよう」と肯定してくださる。僕の手が回らないときは先回りして動いてくださったり、「まっきーのためだから」と僕のお願いを引き受けてくださることが、すごくうれしくて。

そんな様子を見ていて、共演する君ちゃん（君沢ユウキ）が「これぞ10周年だね」と言ってくれて。その言葉で、改めて10年という時間を通して、僕が出会ってきたスタッフの方々や特別ゲストとして出演してくださる共演者の仲間たちとの絆と信頼を実感しました。

僕の夢が実現したことで言えば、僕が生み出したキャラクター・あらまとんたちの人形劇「あらまとん劇場」というミニコーナーに、声優の堀江由衣さんと津田健次郎さんが声を当ててくださったんです！　さらに公演の目玉でもある「１００人斬り」で使用する刀も、槍や双刀、銃など一から刀剣制作の羽鳥健一さんが作ってくださって…。まさに、僕の願いが全てかなった夢のような公演でした。

なんだか最後の敵へ向かう少年マンガの主人公に、仲間が力を貸してくれるような、アツい展開ですよね（笑）。みなさんが僕の背中を押してくださったからこそ、成り立った公演だと思っています。


荒牧が得意な殺陣をふんだんに取り入れた「１００人斬り」は大きな見どころに。さらに「Ｐａｓｔｕｒｅ」所属俳優が一堂に会する初の機会となった本公演で、事務所全体の絆も深まったという。

「100人斬り」のためにセットを本格的に建て込んだのですが、たまたま稽古場が隣だった俳優仲間が、「イベントでここまでやるの⁉」と驚いていました(笑)。約4分半あるので、実際にやってみるとすごく疲れるんです！ 人が息を止めて猛ダッシュする限界は40秒~1分と言われているので、本当に限界に挑戦しています。

そんな大変な殺陣でも、君ちゃんや涼星（田中涼星）をはじめ、新人の司波光星や田中朝陽も一緒に頑張ってくれて。特に新人の2人に指導していると、自分が何もできなかったデビューしたての頃の姿と重なって、いろいろなことを思い出しました。殺陣という僕の得意分野を通して、事務所全体の絆が深まったように感じています。いつかは皆にとって「もう1つの家族」のような場所にできたらうれしいです。

10周年のイベントを明治座で7公演、という異例のキャパシティーでの開催。決定当時は、券売について不安を抱えていたという。

舞台ではなくイベントを明治座さんのキャパシティーで7公演だなんて…、自分でも異例だと思っています！(笑)。いいものを届けるために集中したいけれど、チケットも売らなければならない。その狭間で、悩んだこともありました。

でも、ありがたいことに多くの方々に『殺陣まつり』に興味を持っていただけて、チケットを完売することができて安心しました。券売についての心労はなく、作品作りに集中することができたのは、本当にファンの皆様のおかげです。

そもそも明治座さんが、僕個人のイベントに場所を貸してくださるということ自体、夢のようなお話で。今回、「明治ザ・チョコレート」さんとグッズのコラボレーションをさせていただいたこともそうですし、19年の舞台「サザエさん」から2・5次元界の風向きが変わってきたように感じていましたが、それがどんどん追い風になってきている。この風を止めないためにも、僕たちが頑張らないといけないですね。

## 根幹は「ファンの皆様のため」

荒牧は、明治座での自身の公演をプロデュースするという新しい挑戦を成し遂げた。この経験は、自身にも「Ｐａｓｔｕｒｅ」の未来にも大きくつながる1歩になっただろう。そんな荒牧の根幹にあるのは、「ファンの皆様のため」という思いだった。

『殺陣まつり』は、僕が演じる趙雲たちが主・劉備を探すストーリーを中心に構成されています。劉備を探していくなかで、ゲストとのトークコーナーやシークレットゲストの皆様との大喜利など、いろいろなコンテンツが入りますが、僕が1番伝えたかったのはラストで明かした劉備の正体はファンの皆様だということ。この10年、ファンの皆様に見守ってもらえたおかげで、僕が活動をすることができているという感謝の思いです。

作詞にも挑戦した主題歌『10』にも、その思いが詰まっています。もしかすると作詞が1番大変だったかもしれないな(笑)。10年の思いやファンの皆様への気持ちを歌に染み込ませました。タイトルも、共に歩いてきた数字という意味を込めて『10』。僕の誕生日の2月5日から音楽配信がスタートするので、公演が終わった後も余韻に浸っていただけたらうれしいです。

自身の願いを実現させた夢のような公演を終え、荒牧が深く感じたのは、周りへの感謝と2・5次元界を盛り上げたいという思いだ。

初日後のカーテンコールでスタンディングオベーションをいただいたとき、「俳優をやっていてよかった」と改めて感じました。ただの大学生だった自分が、素晴らしい作品を通してファンの皆様に出会え、明治座という大きな場所に立つことができた。僕の願いをかなえてくれた全てのスタッフに感謝いたします。素晴らしい方々に恵まれました。皆様に恩返しをするために、これからも励みます。

そして、2・5次元界を応援してくださるファンの方々が誇れるように、さらに多くの方々に2・5次元作品の素晴らしさを知ってもらい、舞台業界に1つの地位を築きたい。そのために、僕はこれからも進み続けます。

（『日経エンタテインメント！』2023年2月号掲載分を加筆・修正）

# ＃08

対談

# 石川凌雅（俳優）

## 出演・企画・プロデュースの意欲作 舞台Stray Cityシリーズがいよいよ開幕

いしかわ・りょうが
1995年8月24日生まれ、東京都出身。ダンス&ボーカルグループ「スクランブルガム」で芸能活動をスタートし、卒業後は役者として活動。舞台『GREEN GRASS』で役者デビューし、ミュージカル『刀剣乱舞』や舞台『炎炎ノ消防隊』などに出演。

**「2・5次元作品の認知度が高まれば」と一般社団法人 日本2・5次元ミュージカル協会へ加入するなど、広報活動にまい進している荒牧慶彦。荒牧が企画・プロデュースを手掛ける舞台Ｓｔｒａｙ Ｃｉｔｙシリーズ「Ｃｌｕｂ キャッテリア」から主演・石川凌雅がゲストに登場。荒牧の頭にある舞台の構想や石川らへの思いを語る。**

舞台での役者業に加え、4月から始まるテレビドラマ『あいつが上手で下手が僕で』シーズン2（放送は終了）やバラエティ番組など、様々な場所で2・5次元業界をアピールし、業界の未来のために奮闘している荒牧慶彦。

プロデューサー業にも力を入れており、『ろくにんよれば町内会』から生まれた、出演・企画・プロデュースとなる舞台Ｓｔｒａｙ Ｃｉｔｙシリーズ『Ｃｌｕｂ キャッテリア』が23年5月12日より東京・品川プリンスホテル ステラボールにて開幕。

本公演は、脚本にかが屋の加賀翔と賀屋壮也、演出におぼんろの末原拓馬を迎えるオリジナル作品。番組内企画であるオーディションを通し、主要キャストが選ばれた。連載では、主演に抜てきされた石川凌雅をゲストに迎え、公演に込めた思いを語る。企画の立ち上げからキャストの選考まで、エンタテインメントとしてテレビを通して見せた理由、主演を託した石川への期待とは。

## 「対応力」と「輝き」に着目

**荒牧**　『ろくにんよれば町内会』で、レギュラー出演者のメンバーが1人ずつ独自企画をやろうという話があったんです。全員の企画をかなえることはできなくなってしまいましたが、僕の企画は劇場を押さえていたりと進んでいましたので、実施することになりました。

　せっかく僕は舞台を中心に活躍させていただいているので、その強みを生かし、「舞台をプロデュースしたい」と思って立ち上がったのが始まりです。

「若手俳優をもっと世に出したい」という思いも強かったので、絶好の機会だと感じましたし、僕自

### Stray Cityシリーズ「Club キャッテリア」

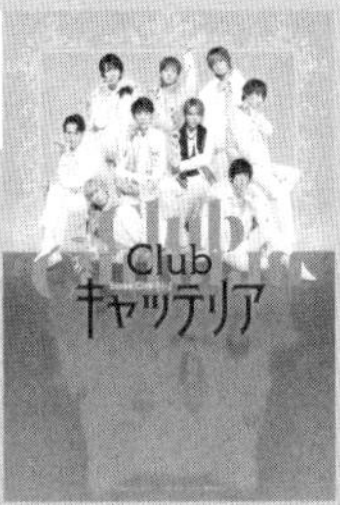


『ろくにんよれば町内会』から生まれたオリジナル舞台。荒牧が企画・プロデュースを手掛け、脚本にかが屋の加賀翔と賀屋壮也、演出はおぼんろの末原拓馬が務める。猫をモチーフにしたホストクラブ・キャッテリアを舞台に、ホストたちが夢に向かう姿を描いた青春物語。出演者は、番組内のオーディション企画で選ばれた石川凌雅、泰江和明、田中涼星、廣野凌大、福澤侑、持田悠生に加え、笹森裕貴や立花裕大、荒牧も参加。ダンスパフォーマンスなど、エンタメ要素も盛りだくさん。さらに役者自身がステージングや楽曲制作などを担当する。2023年5月12日（金）～21日（日）まで、東京・品川プリンスホテル ステラボールにて上演。全9日間、15公演。

身もオーディション番組が好きなので（笑）。それに、オーディションから全て1つのエンタテインメントとして見せることで、誰が主演に選ばれたとしても、応援してもらえるのではと考えました。

**石川**　後輩のために、そこまで考えてくださっていたんですね…。ありがとうございます！　オーディションで主演に決まったあと、いろいろな方から連絡が届きました。特に驚いたのが、昔働いていた居酒屋の店長さん（笑）。「輝いている姿に感動しました」と放送直後に連絡をくれて。「こんなところまで届いているんだ」とテレビの影響力を感じましたね。

**荒牧**　ふとテレビを目にした方にも届く、というのは地上波の強みだし、すごくうれしいことだよね。凌雅はオーディションを振り返って、どうだった？

**石川**　とにかく楽しかったです！　僕はオーディションに参加することがすごく好きなんです。逆に稽古が始まってから悩むタイプで…。

**荒牧**　えぇ!?　珍しいね。

**石川**　僕が芸能界に入るきっかけも『ガチだん！』というオーディション番組でしたし、自分を試すというスリルやワクワクが好きなのかもしれません。今回も「あの臨場感を味わえるんだ」とすごく楽しみで！　でも、本番直前はガチガチに緊張してしまいましたけど…。

**荒牧**　ははは！　凌雅はオーディションでも輝きを放っていて、「主人公属性が強いな」と感じた。凌雅を主人公のクロ役に選んだのは、審査員も満場一致だったんだよ。

**石川**　本当ですか⁉　恐縮です。

**荒牧**　今回は、笑いに特化したシーンやアドリブを多く入れたいと考えていたから、対応力と輝きに着目して選考していて。

凌雅は、どんなムチャブリが飛んできても、キャラクターを崩さずに対応できていたし、とにかく面白かったんだよね。

**石川**　以前1度『ろくにんよれば町内会』に出演させていただいたとき、「何もできなかった」と感じて落ち込んだんです。周りの方のキャラクターの強さに圧倒されてしまったので、「次こそは！」という思いもあり、必死で…。

でも今回は自分自身も楽しめましたし、みなさんにも笑っていただけたので、安心しました。

**荒牧**　オーディションに立ち会ってくださったかが屋さんが、「悔しい」とこぼすくらい笑いを取っていたもんね。芸人さんにそう言っていただけるなんてすごいこと。

**石川**　ありがとうございます！　でも、あまり褒めていただくと、笑いの期待値がどんどん上がってしまうので、その辺で…(笑)。

今作の舞台はホストクラブ、キャラクターには猫をモチーフとした要素が取り入れられている。「ホスト」は荒牧が、「猫」はかが屋からのアイデアだったという。

原作のない舞台ならではの挑戦を掲げており、舞台としても可能性の広がりを見せたコンテンツになっている。

**荒牧**　プロデューサーさんとマネジャーと3人で打ち合わせをしていたとき、ふと僕が放った「顔がいいメンバーのホストクラブが見たいな」という言葉がきっかけで、構想が広がっていきました。

ホストと猫というタッグは最強と最強の組み合わせですよね(笑)。でも、露骨に猫耳を付けたくなかったので、猫の要素は各キャラクターの性格に取り入れました。お客様が楽しんで帰っていただける、華やかな「眼福舞台」が出来上がると思います。

**石川**　ホストには輝かしい部分が目立ちますが、そうではない部分もある職業だと思います。物語では、どのような塩梅《あんばい》で描こうと考えられていますか？

**荒牧**　輝かしさの裏にある泥臭さも描くけど、生々しい描写は避けたいかな。僕たち俳優と同じく、ホストが夢をつかむまでの過程に面白さやカッコよさ、泥臭さを詰めたい。どちらかというと少年マンガの要素に近い気がする。

## オリジナル舞台で挑戦を

**荒牧**　新型コロナウイルス禍になって、お客様と一体化できる舞台が少なくなってしまったし、世の中が落ち着いた今だからこそ「エンタテインメント性の高いお祭り舞台にしたい」という思いが1番強くて。キャストと共にその場を楽しめる要素をたくさん盛り込みたいと考えています。シャンパンコールを一緒にやってみたり。

**石川**　楽しそう！　ホストならではの演出ですね。

**荒牧**　他にも客降りはもちろん、名刺を客席にばらまいたり…。

**石川**　名刺をばらまく!?

**荒牧**　ははは っ！　どうやったらできるのか、会議を重ねているところ。名刺をもらえなかったお客様が出るのは嫌なので、必ずその日のキャラクターの名刺を1枚入場者特典にすることにしたんだ。

**石川** お客様みんなが楽しめるよう、細かい点に気づくところがすごいです。お祭り舞台ということは、ライブパートも考えていますか？

**荒牧** もちろん。ステージングは（福澤）侑君、楽曲は（廣野）凌大に担当してもらうつもり。あとは、ステラボールの横にあるクラブeXにコラボカフェを併設したり、ホストというテーマならではの宣伝も考えている。そういった構想で広がりを持たせられたらいいなって。

**石川** まっきーさんの構想を聞いているだけで、ワクワクしてきます！ グッズの会議にも出られているそうですけど、大変ではないですか？

**荒牧** 確かに大変(笑)。ドラマの撮影もあるので、間を縫って朝からミーティングを重ねたり。でも楽しいから負担ではないよ。

**石川** まっきーさんの頑張りに応えられるよう、僕も最善を尽くして、大盛り上がりさせたいです。

**荒牧** ありがとう！ 期待してます。ありがたいことにチケットは完売御礼。あとは喜んでいただけるよう全力を尽くすのみです。チケットを手に入れられなかった方のために配信も予定しているので、より多くの方に届くことを願っています。

「役者それぞれの強みを生かしたい」という荒牧の願いから、ステージングや楽曲制作、SNS発信などは役者自身が担うことに。常に「全員が楽しめる座組にしたい」と願う荒牧ならではの発想だ。

**荒牧**　根底に「役者が作る舞台にしたい」という思いがあり、役者それぞれに担当を設けることにしました。凌大にはメインテーマなどの音楽、侑君はダンスやステージング、（田中）涼星にはSNSを担当してもらうおうかと、まだ舞台を始めたばかりの持田（悠生）君には「お掃除担当はどうですか」と制作さんから提案されています（笑）。

**石川**　僕は何をすれば…？

**荒牧**　凌雅は主演としての役割を担ってもらえれば大丈夫だよ。このまま真っすぐに脚本と向き合って、どしんと中央に立っていてほしい。セリフの分量も多いし、大変だとは思うけど、先頭に立ってカンパニーを背負っていってください。

**石川**　頑張ります。見に来てくださるお客様の心を魅了できるよう、精いっぱい接客させていただきます！

（『日経エンタテインメント！』2023年5月号掲載分を加筆・修正）

# #09

# 俳優のさらなる才能発掘を視野に大型イベント「ACTORS☆LEAGUE」をサポート

2・5次元界を背負い、新しい道を開拓している荒牧慶彦。今回は、黒羽麻璃央をはじめとする2・5次元俳優がプロデュースするエンタテインメント企画「ACTORS☆LEAGUE」について語る。2023年で3回目となる本企画に、荒牧はスーパーバイザーとして参加。「プロデューサー陣の力になりたい」と意気込む。

舞台『刀剣乱舞』をはじめとする2・5次元舞台に加え、堤幸彦監督の映画『ゲネプロ★7』、テレビドラマ『あいつが上手で下手が僕で』シーズン2など様々なメディアで、2・

5次元の名を発信する荒牧慶彦。

舞台の企画・プロデュースなども手掛ける荒牧が、次に関わるのは2・5次元俳優が一堂に会するエンタテインメント企画「ACTORS☆LEAGUE」だ。

本企画は、2021年に俳優・黒羽麻璃央が発起人となり立ち上げた、野球とエンタテインメントを融合させたイベント。俳優たちが自らプロデュースするイベントとしてさらなる広がりを見せ、東京ドームで開催されたことでも話題を呼んだ。さらに22年には、プロデューサーとして高野洸、岡宮来夢が加わり、黒羽の野球以外に、高野がゲーム、岡宮がバスケの企画を手掛けている。

3年目を迎える今年、初年度よりこのイベントに俳優として出演してきた荒牧が〝スーパーバイザー〟としてイベントのサポートを決意。荒牧が力になりたいと考えた理由は？

## 違う角度のアプローチを

「ＡＣＴＯＲＳ☆ＬＥＡＧＵＥ」には初年度から出演させていただいていますが、麻璃央をはじめとする熱意のあるプロデューサー陣がそろっていますし、本当にすてきな制作チームだと感じています。

これだけの俳優陣が一堂に会して、東京ドームや武道館、東京体育館という大きな会場でエンタテインメントを届けられるなんて、彼らの人徳の賜物《たまもの》ですよね。このムーブメントは、2・5次元業界を世に広めるという点でも、大きな光になると信じています。これまでも成果を残してきた「ＡＣＴＯＲＳ☆ＬＥＡＧＵＥ」ですが、麻璃央たちは「もっと盛り上げたい」という意識を強く持っていて。僕も自分がプロデュースの仕事をすればするほど、彼らの葛藤が分かる。そんな気持ちもあり、僕がスーパーバイザーとして何か力になれたらと思いました。

「ＡＣＴＯＲＳ☆ＬＥＡＧＵＥ ｉｎ Ｇａｍｅｓ ２０２３」に関しても、プロデューサーの洸は本当に懸命に考えていて、イベントに真剣に向き合っています。だからこそ、僕にできるのはそこに何を＋αするのか、ですね。「ＡＣＴＯＲＳ☆ＬＥＡＧＵＥ」という大きな枠をどれだけ広められるのか？ そうした各競技のプロデューサーとは違う角度で、企画全体を盛り上げるお手伝いができたらと思っています。

**荒牧は、23年6月19日に日本武道館で開催される「ＡＣＴＯＲＳ☆ＬＥＡＧＵＥ ｉｎ**

Games 2023」へプレーヤーとして出演する。22年も参加した本イベントをどう感じているのか。

僕が洸の代わりに説明するならば、「俳優がゲームで本気で遊ぶイベント」。そこに植木豪さんによる総合演出をはじめ、俳優陣に少しのキャラクター性を加えたり、ストーリー性を持たせるなど、洸による工夫が凝らされています。

このイベントでは、キャストをそれぞれ高校の生徒として位置付けていて、例えば僕は、桃園学園高等学校所属チーム、ロイヤルプレデターのリーダー・ヨシヒコとして登場します。この設定やチーム分けも洸が考えたんですよ。僕もプロデュース仕事を抱えていますが、俳優業との兼務は楽しくもあるけれど物量的にキツい。それが分かるからこそ、「助けになりたい」と自然に思えるんです。ゲーム自体は本気の勝負なので、俳優たちは素のリアクションで盛り上がったり、悔しがったりしますが(笑)、少しでもキャラクターを演じることで、俳優たちがやるイベントとしての強みが出せている気がしています。

前年度は初めてだったので、お客様のなかには「どんなイベントになるんだろう」と不安に思われていた方もいるかもしれません。ですが、洸や豪さんだからこそできるダンスを用いた派手なライブテイストで幕開けし、高校の制服を着た俳優たちが登場した時点で、お客様がイベントの楽しみ方を感じ取っていただけたようで、空気が変わった気がして。出演していた僕も「これがエンタテインメントだ」と感じられました。

実は、僕たちはキャラクターの簡単な設定を聞いていただけで、演技はほぼアドリブなんですよ(笑)。チーム分けなどをした時点で、俳優の個性を理解している洸には、その後の展開が見えていたのかもしれないですね。僕自身もプロデュースするときは、信頼している俳優にはお任せする部分があるので、「洸からの信頼の証だ」と張り切っちゃいました。2・5次元俳優のアドリブ力の高さを発揮できる絶好の機会となり、より盛り上がりが生まれた気がします。

今年は出場高校も増えているので、よりパワーアップした公演になるはず。洸がどのような施策を考えているのか、僕も楽しみです。

荒牧は、「なんでもエンタメ研究所」所長・荒牧慶彦というキャラクターに就任。〝荒牧所長〟が掲げるのは、「作り手の納得」「受け手の満足」「ビジネスとしての成功」。これは荒牧自身の信条でもある。

僕は、作り手と受け手の双方が「楽しい」という気持ちを感じていないと、エンタテインメントとして成り立たないと考えています。その気持ちを抱くには、ビジネスとしての成功も不可欠なので、この3点は大切にしています。「ACTORS☆LEAGUE」でも、「楽しい」をたくさん増やしたい。

その1つとして考えたのが、〝荒牧所長〟です。僕自身にキャラクター性を肉付けすることで、スーパーバイザーという役割を可視化し、エンタメとして届けたいという気持ちがありました。

エンタテインメントの良さは「誰かと共有し、かみしめること」だと思うので、荒牧所長が客観的にイベントの良さを分析し、解説することで、お客様と「楽しい」を共有できるような存在になれればうれしいです。荒牧所長がどのような登場をするのか楽しみにしていてください(笑)。

さらに、別の楽しみ方を提供できたらいいなと考えて実現できたのがサンリオさんとのグッズコラボレーション。SNSを拝見しているとサンリオキャラクターが好きなファンの方が多い印象があり、2・5次元俳優のファンの方とサンリオさんの親和性の高さを感じていました。想像通りのかわいいグッズが出来上がったので楽しみにしていてほしいです。ファンの方に喜んでもらうことが大前提ですが、グッズを通して「ACTORS☆LEAGUE」をより多くの方に知ってもらえるきっかけになればうれしいですし、どんどん輪が広がることを願っています。

## もう1つの才能を生かす場に

実はこの連載で、僕がプロデュースを手掛ける舞台『Club キャッテリア』の主演・石川凌雅君との対談をきっかけに、「何かお手伝いできることがあれば」と凌雅が舞台のホストクラブ『Club キャッテリア』のロゴイラストを描いて送ってきてくれたんです！ そのあまりの完成度に、制作サイドへ共有し、実際に舞台で使用することが決まりました。

さらに、出演者の1人である（笹森）裕貴《ひろき》もライバル店のロゴを描いてくれて、どんどん広がりが生まれていったんです。彼らのように、演じる以外にも素晴らしい才能を持っている俳優陣たちはたくさんいると改めて実感しました。

ただ、それを発信することが苦手な俳優が多いのも事実。もちろん趣味として楽しむことも素晴らしいですが、せっかくなら多くの方にその才能を見ていただきたい。そのためにできることはないかと考えていたんです。

もちろん俳優としての姿を見せることが、ファンの方にとっては1番だとは分かっていますが、若手俳優たちの新たな将来の道が開ける可能性も秘めていますし、俳優としての魅力もさらに深まるはず。また新しい才能が生まれるのを僕自身も楽しみにしています。

まずは今年度も大成功で収めることがチームとしての第1目標ですが、将来的には「ACTORS☆LEAGUE」がお客様にとって年に1度の楽しみになるような、皆様の心に根付くお祭りになることを願っています。さらに俳優たちにとっても、出場を目標に掲げてもらえるような影響力のあるイベントになればうれしいです。

（『日経エンタテインメント！』２０２３年６月号掲載分を加筆・修正）

## 「ACTORS☆LEAGUE 2023」

高野洸プロデュース「ACTORS☆LEAGUE in Games 2023」は6月19日（月）に日本武道館、黒羽麻璃央プロデュース「ACTORS☆LEAGUE in Baseball 2023」は7月3日（月）に東京ドーム、岡宮来夢プロデュース「ACTORS☆LEAGUE in Basketball 2023」は10月11日（水）に東京体育館・メインアリーナで開催。唐橋充、髙木俊、寺山武志プロデュース「ひらがな『あくたーず☆りーぐ』」は、11月18日（土）～19日（日）に「『あくたーず☆りーぐ』アートフェスタinよみうりランド」を行う。

## 「なんでもエンタメ研究所」

荒牧ふんする「なんでもエンタメ研究所」所長・荒牧慶彦。「エンターテインメント風林火山」の信条を掲げ、新たな企画やプロモーション活動を通して、「ACTORS☆LEAGUE 2023」をエンタメの力で盛り上げていく。

公演は全て終了。

# #10

対談

# 平子良太（「I'm donut?」オーナーシェフ）

## 人気ドーナツ店をミュージカルにプロデュース業の視野を広げ、新たな展開へ

ひらこ・りょうた
1983年生まれ、長崎県出身。株式会社ヒラコンシェのオーナー。マリトッツォブームの火付け役として知られるパン屋「アマムダコタン」やドーナツ店「Im' donut?」を手掛ける。ほかにもドライフラワーショップ、ベーカリー、カフェなど、その事業展開は多岐にわたる。

**プロデュース業にも力を入れる俳優・荒牧慶彦が手掛けるミュージカル『I'm donut?』は、ドーナツ店「I'm donut?」にインスパイアされて生まれたという類を見ない舞台に。そこで今回は、特別監修を務める平子良太シェフをゲストに迎え、ドーナツと演劇に通じるエンタテインメント性について語る。**

2・5次元舞台を中心に俳優として様々なメディアで活躍し、舞台のプロデューサー業などマルチな才能を見せている荒牧慶彦。俳優たちのドラフト会議により結成されたチームでオリジナル演劇で競い合う「演劇ドラフトグランプリ」など、常に斬新な切り口で作品のプロデュースを手掛け、インパクトを残している。そんな荒牧が、次にプロデュースするのが、ミュージカル『I'm donut?』。人気ドーナツ専門店「I'm donut?」にインスパイアされ、生まれた作品だという。

「I'm donut?」を手掛け、今作の特別監修を務める平子良太シェフをゲストに迎え、エンタテインメントを生み出す楽しさや今作に懸ける思いをひも解いていく。

## 驚きが人を笑顔にする

**荒牧**　初めて「I'm donut?」のドーナツを食べたとき、衝撃を受けました。実は、僕は甘いものをたくさん食べるというよりは、少しで満足してしまうタイプなんです。でも、あまりのおいしさと初めてのふわふわ食感に驚いて、気づけば一気に4つも食べてしまっていて。周りからは「奇跡だ」と言われましたね（笑）。

**平子**　ありがとうございます。

**荒牧**　人の心を動かすことは本当に大変ですよね。「I'm donut?」のドーナツには、舞台と同じく人を感動させるパワーがある。舞台とドーナツは、そうした意味では同じだと感じたんです。そこで、「舞台というフィールドを通して、平子さんの世界観にインスパイアされたステージを作りたい」という思いが芽生えたことがきっかけで、

### ミュージカル『I'm donut?』

人気ドーナツ店「I'm donut?」を舞台に、新作ドーナツをつくるために奔走する店員たちを描いたファンタジーストーリー。プロデュース・出演に荒牧、脚本・演出に松崎史也、特別監修に平子シェフ。出演に、立石俊樹、福澤侑ら。2023年6月22日（木）～7月9日（日）まで東京・Theater Mixaにて上演。公演期間中は、Mixalive TOKYOの1階にあるPOP UP Mixaで「I'm donut?」のサテライトショップが期間限定でオープン。

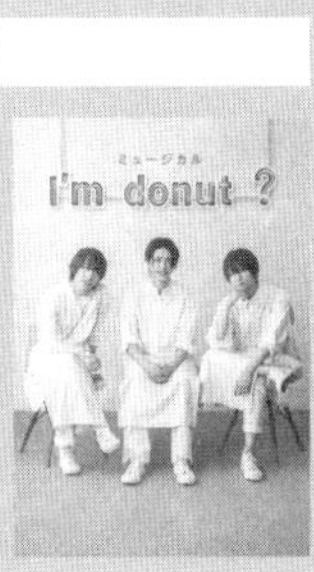

この企画が走り出しました。

**平子**　僕はあまりミュージカルや舞台に詳しくないので、ドーナツ屋と演劇がコラボした前例があるのかどうかも分からなかったくらいなのですが、「こんな話は聞いたことない」と直感的に思ったんです。荒牧さんがおっしゃってくださったように、〝初めての食感〟を意識したドーナツを作っているので、この〝初めて〟もいただけるなら、うれしいなと（笑）。

**荒牧**　不安はなかったですか？

**平子**　僕は、お店をやるにあたり、ブランディングをすごく大切にしています。だからこそ、前例のないものに挑む怖さがあるのも事実。ですが、荒牧さんをはじめ、演出・脚本を手掛けられる松崎史也（191P）さんといった名だたる方々からのオファーであるという安心感と、僕のドーナツに夢を見て、違う畑の方が「一緒に作品を作りたい」と声を掛けてくださったことに対するワクワク感が勝ちました。

荒牧さんは、ご自身の俳優としてのブランディングをしっかりと確立されているのに、そこにとどまることがない。新しい畑へも怖がらずに進んでいく、スピードの速い方ですよね。

**荒牧**　平子さんと同じく、新しいものを作ることへのワクワクする気持ちがそうさせるのかもしれません（笑）。平子さんは、グッズやセットもきちんとチェックしてくださっているので、監修というより共作に近い感覚です。
　僕も「I'm donut?」第1号店の福岡店へ足を運んで、ルーツをたどりに行こうと思っています。ドーナツ作りもきちんと学んで、お芝居に踏襲したいので。

**平子**　福岡店の内装もかなりこだわっていますよ。

**荒牧**　伺うのが楽しみです！　お店のコンセプトも素晴らしいですよね。まるで物語の世界に入ったような気持ちになります。

**平子**　松崎さんは、お店に来てくださったと

きに、世界観に感動して泣いてくださって…。

**荒牧** その涙の裏には、同じエンタテインメントを作る者として「やられた」という思いがあったそうです。「こんなに一瞬で人を笑顔にして、心を動かせるのか」と驚かれたみたいで。「舞台という自分たちのフィールドを使って、驚きの借りを返したい」と僕に話していましたよ。

**平子** なんだかアニメのワンシーンみたいですね（笑）。あの涙はすごくうれしかったし、松崎さんの熱意を感じました。

荒牧と平子は、演劇やドーナツを「人生を豊かにするための小さな幸せ」だと語る。荒牧は、今作のプロデュース業を通して、新しいエンタテインメントの広がりとこれからの可能性を感じたそうだ。

**荒牧** 演劇やドーナツは、人間が生きていく上で、必ず必要なものではないかもしれません。でも、より人生を豊かに、幸せに生きるという意味では、どちらも必要なものだと考えています。

**平子**　僕もそれはすごく実感しています。好きなものをたくさん買うことで満たされる人もいれば、田舎で自給自足の暮らしをしたい人もいる。そうした人それぞれの日常のなかで、ミュージカルやファッション、スイーツといった喜びがないと、ただ生活しているだけになってしまいますから。

**荒牧**　デジタルで便利な世の中になり、手のひらで何でも解決してしまうことに寂しさも感じていて…。「お芝居を見に行く」「ドーナツを食べる」とどちらもフィジカルなことですよね。ネットでの体験もこれからは増えていくと思うし、それはそれで楽しいものですが、実際に体験してもらうエンタテインメントも諦めたくはない。まだまだシステムの不備や事業としての様々な壁もありますが、多くの方に劇場へ足を運んでいただくために、僕も試行錯誤を繰り返しているところです。

**平子**　飲食店でも同じで、僕も内装に自信を持って「I'm donut?」の渋谷店をオープンしましたが、いつもなら1週間もすればインスタグラムに内装の写真が上がってくるのに、なかなか上がってこなかったんです。「なんでだろう」と思って、お客様と同じ目線でカメラを構えてみると、スマホで切り取られた狭い景色がかわいくなかったんですよ。それからお店を休んで、内装をすべて変更しました。舞台に立つ荒牧さんも、同じ気持ちを感じられていると思いますが、実際にお店へ来てくださるお客様の期待を裏切りたくないし、妥協はしたくない。

**荒牧**　僕もそれは同じです。平子さんのこだわりと世界観の作り込みは素晴らしいですし、本当に尊敬しています。

今作で初めて「I'm donut?」とコラボレーションをさせていただいて、平子さんの世界に触れられたことで、僕のプロデューサーとしての視野も広がった気がしています。今後も2・5次元にこだわらず、新たなエンタテインメントを生み出したいですね。

## 幸せをたくさん届けたい

新たな施策として、ミュージカル『I'm donut?』では、観劇後に劇中に登場するドーナツを観客へ配布する。〝舞台で見ていたドーナツが目の前に飛び出す〟といううれしいサプライズだ。

**荒牧**　今年の2月に僕のバレンタインイベントで、ファンの皆様にチョコレートを渡したいと考え、平子さんにご無理を言って、3000個のチョコレートドーナツを作っていただいて。ファンの皆様もすごく喜んで受け取ってくださいました。

今回、せっかく「I'm donut?」のドーナツをモチーフにミュージカルを制作させていただけるのであれば、「劇中のドーナツが飛び出したらどうだろう」と考え、観劇後に作品限定のオリジナルドーナツをお配りすることが決まりました。「実際に劇中のドーナツを食べる」という体験を通して、お客様自身の中で物語を完結していただくことをコンセプトに、平子さんに制作をお願いしたんです。

**平子** プロットを読ませていただいて、ドーナツのイメージを膨らませているのですが…かなりハードルが高いです！(笑)。荒牧さんが演じるドーナツ好きな悪魔マキアの「まさか見た目だけの単純なドーナツを考えてないよな」というセリフがあるのですが、ドーナツはまさに見た目が重要な食べ物。「映え」を意識しすぎると良さがなくなるし、かといって地味なものもダメ。シンプルだけど小技が効いていて、味も見た目も体感したことのないものを作りたいと思っています。

**荒牧** お客様皆様にお配りするので、かなりの数のドーナツをお願いしてしまっていて…。

**平子** それも悩みのタネ(笑)。かなりの数を作るので、味にブレがないように、作り方も考えながら挑みます。今回のお仕事は、料理研究家のように一皿に命を込めるのではなく、多くの方に小さな幸せを届ける料理人としての仕事が求められていると感じています。

**荒牧**　平子さんは「小さな幸せをたくさん作っている」とよくおっしゃっていますが、役者の仕事にも同じことが言える気がしています。僕たちも1日の1ステージだけではなく、千秋楽まで毎日同じ幸せを届けなければいけないので。

**平子**　確かに似ていますね。一緒に、お客様に驚きと幸せをたくさん届けていきましょう。

**荒牧**　そうですね！　歌のうまいトシ（立石俊樹）とダンスの上手な侑（福澤侑）というキャストがそろったので、ミュージカルとしても見応えのある作品になるはず。「見て良かった、食べて良かった」とお客様に思っていただける作品になることを願っています。

（『日経エンタテインメント！』2023年7月号掲載分を加筆・修正）

# #11

# 約1年のプロデュース業を通して手探りのなかで見つけた光

2・5次元界のトップを走る荒牧慶彦の活動は、メインの俳優業に加えて、プロデュース業や所属事務所社長など多岐にわたる。そんな様々な顔に迫った本連載も、今月で最終回。連載がスタートした2022年9月号から約1年、手探りのなかで見つけたもの、そして荒牧が思い描く未来とは。

急成長を続ける「2・5次元舞台」だが、このムーブメントの火を絶やさぬため、ブームの立役者である荒牧慶彦が着手したのは、プロデュース業。2022年6月、初のプロデュースイベント「演劇ドラフトグランプリ」を日本武道館、12月には自身の俳優デビュー10周年記念公演『殺陣まつり～和風三国志～』を明治座で開催し、注目を集めた。

さらに、23年5月には『ろくにんよれば町内会』から生まれたオリジナル舞台Ｓｔｒａｙ Ｃｉｔｙ『Ｃｌｕｂキャッテリア』、6月にはドーナツ専門店にインスパイアされたミュージカル『Ｉ'ｍ ｄｏｎｕｔ？』を手掛け、12月には日本武道館で「演劇ドラフトグランプリ２０２３」の開催も決定。斬新な切り口で作品を生み出している荒牧の出発点は、「２・５次元というジャンルの底上げをしたい」という思いからだった。


「２・５次元界をもっと多くの方に知ってもらいたい」という気持ちを胸に、この1年は手探りで進んできましたが、作品を生むことの難しさを実感しました。プロデュース業を始めて良かったことは、俳優をやっているだけでは見えてこなかった側面に気づけたこと。舞台のセットやグッズの決め方などを知ることで、周りのスタッフさんへの理解が深まりました。

そして僕が、俳優と制作の橋渡しのような存在になれたのも良かったこと。作品を作るうえで、制作サイドは役者の気持ちがすべて理解できるわけではないし、その逆もしかりですが、僕は両方の気持ちを理解することができるので、いいクッションになれた気がします。学生時代から部活の副部長を務めていたので、こうしたことも苦ではないんです（笑）。

## 演劇の可能性を信じて

初めてのプロデュース業となった「演劇ドラフトグランプリ」は、2・5次元界で活躍する俳優と演出家が集い、ドラフト指名された俳優と演出家で演劇を制作し、お客様に№.1を決めていただくイベント。様々な種類の演劇をお見せすることができるので、演劇の可能性を感じていただけたと思っています。

日本武道館という場所もそうですが、審査員に『週刊少年ジャンプ』『週刊少年マガジン』『週刊少年サンデー』という3大少年誌の編集長が集結してくださり、スペシャルプレゼンターとして上川隆也さんにも参加していただきました。僕がポンと言ったことが、どんどん現実になっていくので、うれしくもありつつ怖くて震えちゃいました（笑）。結果として、観客の皆様、周りの役者、制作会社さんなど他業界から反響をいただき、12月に第2

弾の開催が決定しています。
実績ができたぶん、次なる課題は、演劇の良さを損なわずにどれだけエンタテインメント性を持たせられるか。そのうえで、宣伝プロモーションやグッズ販売なども含めて、ビジネスとして成り立つイベントにしなければならないということ。課題はたくさんありますが、去年を上回る大きなお祭りにできるよう、既に走り出しているところです。

初のプロデュース業を経て、荒牧が代表取締役を務める所属事務所「Pasture」総出で挑んだのは、俳優生活10周年を記念した公演『殺陣まつり』。荒牧のために集まったなじみのスタッフたちとの作品作りは、その後の荒牧のプロデュース業を支える経験になったという。

当時の僕は、プロデューサーとしてまだまだ分からない点も多くて…。例えば音1つとっても、役者として舞台に立つときは既に用意されているものでしたが、『殺陣まつり』ではすべて自分で用意しないといけない。そうした細かなことを周りのスタッフが教えてくれたおかげで、多くのことを学びましたし、周りの方々に支えられた現場でした。この経験があったからこそ、『Ｃｌｕｂ キャッテリア』では自ら進んで動くことができた気がしています。

　新型コロナウイルス対策の規制が緩和された今だからこそ、「みんなで楽しめる演劇を作りたい」という思いから生まれたのが『Ｃｌｕｂ キャッテリア』。お客様の声出しはもちろん、役者の客席降りも解禁し、お祭り感をふんだんに取り入れた作品に仕上がりました。結果として、当日券には最大で約２００名のお客様が並んでくださり、配信もびっくりするほどたくさんの方にご覧いただけた大盛況の舞台となりました。お客様は俳優個人ではなく、作品自体を愛してくださった印象を受けましたし、思い描いていた以上の熱狂を生むことができたと思っています。

　お客様と一体化する舞台なので、なかには「これは演劇ではない」と感じられる方もいらっしゃるかもしれないけれど、演劇にはいろいろな顔があっていい。時代のニーズに合ったエンタテインメントの要素もすべて込みで、「演劇」と呼んでもいいんじゃないかと思っています。そして、僕はいろいろな作品に挑戦していきたいので、殺陣をふんだんに取り入れたものや泥臭い芝居のみのものなど、様々な「演劇」を生み出していけたらいいと思っています。

自身の所属事務所「Pasture」の代表取締役でもある荒牧は、新人育成にも注力。事務所の看板を担う次世代スターの発掘はもちろんだが、2・5次元界の未来を考えて始めた取り組みでもあるそうだ。

22年6月に開催した新人オーディションにより、司波光星と田中朝陽が事務所の仲間になりましたが、新人を育成することの難しさを痛感しています。俳優としての基盤となる力がないと、良い配役をいただけても埋もれてしまう。僕が手を貸すのは、彼らがオーディションで役を勝ち取ってきてからだと思っているので、そのためにレッスンを重ねているところです。所属して1年しかたっていませんし、長い目で見て、大きく育ってほしいと願っています。

次世代のスターを生み出すというのは、2・5次元界としても課題の1つ。例えば、若手俳優がある作品に出演してブレークすると、その作品に照準を合わせて活動するので、スケジュールが埋まってしまい、新しい作品へ挑戦しづらいサイクルが生まれることもあります。そうした偏りをなくすためにも、1つでも多く皆様に愛される作品を生み出さなければならない。ですが、熱狂的なヒットを記録した原作には限りがある。そこで原作モノにこだわらず、オリジナル作品で熱狂を埋められたら、そこを若手俳優たちのスター輩出の場にできるのではないかと考えています。『Ｃｌｕｂ キャッテリア』はその挑戦として動いた作品でもありました。

## ２・５次元界の未来のために

この連載でプロデューサー・佐久間宣行さんと対談させていただいた際にも感じたことですが、ブームの熱狂が大きくなるほど、新しい方が入りづらいのが問題。２・５次元界だけではなく、全業界の課題とも言えますが、昔から応援してくださる方と新しく知ろうとしてくださる方、どちらも楽しんでもらうのは難しいですよね…。

プロデューサーとしてもそれはすごく感じていて、ありがたいことに僕の名前が大きくなるほど、新しいことに挑戦する際、「荒牧慶彦」という名前が役に立つこともあれば、邪魔になってしまうこともあって。この先、もしかすると「あれもそうだったの⁉」という、僕の名前を出さない企画も生まれるかもしれません(笑)。

プロデュース業に加え、テレビドラマに映画、バラエティ番組と様々なフィールドで活躍している荒牧だが、あくまでメーンフィールドは舞台。23年10月には舞台『刀剣乱舞』山姥切国広 単独行 - 日本刀史 - にも出演するなど、2・5次元作品を中心に今後も俳優として挑戦を続けていく。

もちろんバラエティ番組や映像作品も、求めていただけるものは挑戦していきたいと思っています。ただ、これから先も僕のメインフィールドは舞台でありたい。2・5次元作品には変わらず出演を続けていきたいし、ファンの方と共に歩んでいきたいという気持ちは変わりません。

僕がこうしてプロデュース業を始め、「日本2・5次元ミュージカル協会」に所属して広報活動を始めようと思ったのは、「大好きな2・5次元作品や業界を広めたい」という思いからでした。最初は「2・5次元って何?」という方ばかりでしたが、最近では「マンガ原作の高度な舞台化」という認識を持っていただけるところまで来ることができたと感じています。その反面、原作のヒットが尽きてしまえば業界は尻すぼみになるのでは…というのが、僕の不安点でした。

ですが、様々なプロデュース業を経て、「人気マンガの舞台化が2・5次元作品だ」ということにこだわる必要はないと気づいたんです。マンガやゲームに限らず、ドラマを2・5次元舞台にしたっていいし、原作がなければ生み出せばいい。舞台で戦い続けている2・5次元俳優たちで、エンタテインメント界にムーブメントを生み出すことのほうが大事だと感じられたことが、この1年で得た1番の宝かもしれません。

歌って踊れて殺陣も芝居もできる、エンタテインメント性の詰まった2・5次元俳優たちだからこそできる演劇を発信し、いつかジャンルの垣根を越えて、舞台界全体が1つになることが僕の大きな夢であり目標です。今後も皆様が幸せになれる作品を僕なりのやり方で作り続けます！

（『日経エンタテインメント！』２０２３年8月号掲載分を加筆・修正）

荒牧慶彦

ARAMAKI YOSHIHIKO

2と3の

2 TO 3 NO AIDA

あいだ

# Pasture座談会

## 荒牧慶彦×田中涼星×司波光星

**たなか・りょうせい**　1994年12月24日生まれ、新潟県出身。ミュージカル「テニスの王子様」3rdシーズンで役者デビュー。ミュージカル『刀剣乱舞』やMANKAI STAGE『A3!』など人気作をはじめ、『ろくにんよれば町内会』などバラエティ番組にも出演し、活動の幅を広げている。

**しば・こうせい**　1998年4月3日生まれ、東京都出身。Lil Noah名義で、舞台「KYOTO SAMURAI BOYS」やミラクル☆ステージ「サンリオ男子」、『恋するアンチヒーロー』などに出演。アーティストとしても活躍。新ミュージカル「スタミュ」が2024年1月上演。

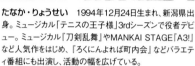

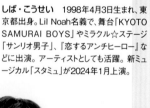

Pasture座談会

# 荒牧慶彦×田中涼星×司波光星

# Pastureに加わった仲間と語る事務所と2・5次元の未来

2・5次元界の未来を考え、常にアンテナを張り巡らしながら新しい道を開拓する荒牧慶彦。荒牧が代表取締役を務める株式会社Pastureの新しい仲間に加わった俳優・田中涼星と、新人オーディションで選ばれた司波光星との座談会が実現。荒牧が考える事務所の未来について、話は大いに盛り上がった。

2・5次元界を中心に活動の幅を広げ、挑戦を続ける荒牧慶彦。俳優活動と並行して行っているのが事務所の社長業。株式会社Pastureの代表取締役を務めている。

荒牧が個人事務所として設立したPastureだが、2022年9月に所属俳優の増員を発表。2・5次元界で活躍する田中涼星、君沢ユウキをはじめ、新人オーディションで選ばれた司波光星、田中朝陽、業務提携で冨田昌則が加入した。

ここでは、田中涼星と司波光星をゲストに、荒牧が代表として所属俳優を増員した決意や「Pasture」の未来の展望を語る。

業界の未来のために、新人育成は不可欠だと考えた荒牧の第1歩となったのが、同事務所初となる新人オーディション。俳優としてオーディションを受ける側にいた荒牧が、初めて審査する立場を経験し、合否を決めた。荒牧が未来を託す、新人俳優への思いとは?

## 稽古場さえオーディションに

**荒牧**　役者である自分としては少し寂しいですが、2・5次元界の未来のためにも、俳優の新陳代謝は不可欠だと考えています。2・5次元界の次世代を担う俳優たちの第一線に、僕の思いを受け継いでくれたＰａｓｔｕｒｅのタレントが立っていてくれたらこんなにうれしいことはないと思い、新人をオーディションで募集することに決めました。

実際に「俳優を審査する側」を経験してみると、本当につらかったです。自分もオーディションを受けていた側の人間なので、彼らの思いが痛いほど分かるんです。本当は全員を合格にしたかったくらいでした。僕の場合は、演技の良し悪しよりも、その人の持つ雰囲気や人となりをじっくりと見て、バランス力を重視して選ばせていただきました。光星はオーディションのときのことを覚えてる？

**司波**　それが全然覚えていないんです(笑)。セリフも飛んでしまうくらいガチガチに緊張していて…。僕ができることを精いっぱいやらせていただいたつもりでしたが、手応えは全くなかったです。

**荒牧**　まず、光星には俳優としての力を身につけて、自分にとっての「当たり役」を見つけてほしい。経験を積んで、自分に合う演技のタイプを発見してから、適役や変わり種のお芝居に挑戦していけばいいと思うよ。将来的には俳優という枠にとらわれずに、得意なラップやダンスなど、自分の好きなことを突き詰めていければ唯一無二の俳優になれるはずだから。

**田中**　光星は多才ですよね！　それに真面目。ドラマ撮影で稽古合流が遅れて光星がアンダースタディー（※）で入ってくれたんですが、必死に覚えてメモを取ってくれて、稽古場に入る前日までに渡しておいてほしいと光星のマネージャーさんにメモを託してくれたよね。休憩中も踊りたいのか、体が勝手に動いていた姿もかわいくて。
**司波**　ダンスが大好きなので、歩いているときも、無意識に踊っちゃってるくらいなんです(笑)。
**荒牧**　もう1人の新人の朝陽は、どっしりしていて。ダンスや歌が技術的にうまいわけではなかったけど、何か目を引くようなオーラを持っているんです。安心して稽古場へ送り出せるように、事務所スタッフにきちんと大切なことを伝えてもらっています。
新人の役者がアンダースタディーで入るということは演出家さんや俳優さんたちへの顔見せはもちろん、いわばオーディションの場としてチャンスが広がります。光星も、いろいろな方と話せた?

**司波** あまり人見知りをしない性格なので、積極的にたくさんの方とお話しさせていただきました。

**荒牧** 狙い通りです(笑)。

**司波** 素敵な先輩方のもとで勉強できるなんて、豪華ですよね…。

**荒牧** これから先も、「役者は多くの方に支えてもらっている存在だ」ということは忘れないでほしい。僕たちはファンの皆様やスタッフさんなど多くの方の支えがあるおかげで舞台に立つことができています。その気持ちを大切に、新人たちには成長していってほしいです。

「Pasture」への所属を決めた田中涼星は、MANKAI STAGE『A3!』

の有栖川誉《ありすがわほまれ》役やミュージカル『刀剣乱舞』の御手杵《おてぎね》役など人気作に多く出演。荒牧との共演経験も多く、信頼も厚い。田中は、俳優・荒牧の背中を追いかけてきたという。

**荒牧**　涼星がPastureへ加入してくれたことは、僕にとってもすごく心強いんです。他の俳優仲間と「次の2・5次元界の筆頭になる俳優は誰だろう」という話をよくするのですが、そこに涼星の名前は頻繁に上がってきていて。

**田中**　その話をまっきーさん（荒牧の愛称）から聞いたとき、力がみなぎってきました。「先輩方がそこまで言ってくださるなら、次の世代を築くのは僕たちだ」と強い気持ちを持つことができています。先輩方がしてきてくださったように、僕らも次の世代へバトンをつなぎたいので。

**荒牧**　涼星はメインプレーヤーにもバイプレーヤーにもなれる俳優で、変わり種の演技が上手。僕が目標とするカメレオン俳優に、絶対になれると思っているんです。それに、ここまで誰からも愛される俳優はなかなかいないんじゃないかな。その人間性も涼星の魅力の1つ。そんな涼星が、僕の後ろにいてくれるのは頼もしいです。

**田中**　ありがとうございます。僕自身、カメレオン俳優と呼ばれるくらいいろいろな役に挑戦してきたいと感じていたので、同じ意見でうれしいです（笑）。
まっきーさんとは共演する機会も多かったので、俳優・荒牧慶彦の背中はずっと追いかけてきました。でもこの間、まっきーさんが打ち合わせをしているとき、まだ僕も見たことのない「代表の顔」をしていて。思いをきちんと言葉にして伝えて、周りがどう動けば成立するのかを真摯に考えている姿を見て、また違う一面を発見しました。普段は天然でかわいらしい方なのに…。

**荒牧** わはは！　なんだか恥ずかしいけど、うれしいな。

**司波** アニメが大好きな僕にとって、人気の2・5次元舞台に多く出演されている俳優の荒牧さんはスーパースターです！　忙しいなかでもこれだけのキャラクターを演じてこられているなんて…。「すごい」の一言です。

**荒牧** そう言ってくれるなんて、頑張ってきたかいがあります（笑）。

**司波** 実は僕、荒牧さんがニコニコチャンネルで配信している生放送「ゆるまきば」の有料会員になったんです！

**荒牧** えぇ～⁉ まったく知らなかった！　言ってよ！（笑）。

**司波** 配信の仕方やコメントの拾い方を勉強したくて。荒牧さんは、誰も傷つけない言葉選びをされるし、トークもスムーズで。僕自身、生配信で「何を話せばいいんだろう」と悩むことも多いので、繰り返し見て学ばせてもらっています。

**荒牧**　ありがとう！　自分の発言で傷つく方がいないかは常に頭に置いているけど、ファンの皆様との交流が大好きだから、仕事という感覚もないかもしれない。リラックスして楽しんでいるので。

**田中**　まっきーさんは、役者、スタッフ、ファン…といろいろな目線を持って物事を見ている方。人の気持ちを汲み取ってくださるから、トークも巧みなのかも。SNSの文章1つを取ってみても、周りへの気配りが上手で。そういうところは、僕も少しずつ学んでいきたいです。

**荒牧**　これは学生時代の部活で〝副部長〟をしていた経験が生きていて、きっとそれがクセになっているんです(笑)。でもPastureのみんなには、役者目線だけではなくいろいろな目線を持って物事を見てもらいたいと思っています。

12月15日より、荒牧の俳優デビュー10周年記念公演『殺陣まつり〜和風三国志〜』が明治座で開幕。田中や司波をはじめ、所属俳優らが初めて観客の前で一堂に会する。

**荒牧**　やりたいことをすべて詰め込もうと思い、「100人斬りがしたい」とお願いしたところ、希望が通りました。ご協力いただく倉田プロモーションの方と打ち合わせたところ、100人斬りをするためには敵役が15人以上必要とのこと。代表としての僕が顔を出して、思わず人件費のことを考えてしまいましたが…(笑)。せっかくのお祭りですし、まだいろいろ構想段階ですが、エンタメ要素を入れながら、お客様が見て気持ちの良いものにしたいと思っています。

**田中**　もし敵が足りなければ、僕たちも加勢しましょうか？

**荒牧**　その抜群のスタイルで涼星だってすぐにバレちゃうよ(笑)。新人の特技披露の場所を作ったり、みんなの個性が光る公演にできたらいいな。

## フリーの共同体が集う場所に

俳優側の気持ちが分かる荒牧が考える、事務所経営の方針とは？

**荒牧**　いろいろな事務所の運営形態があると思いますが、僕にとって1番大切にしたいことは「俳優から搾取をしない」ということ。自分の成果に合わせて、満足のいく報酬をもらってもらいたい。僕もそうだったのですが、俳優として生きていると世の中の常識が分かりづらくなるので、一般常識を知らないまま年を重ねていかないように、人間としても育っていける事務所にしたいと思っています。

最終的な理想としては、フリーが集まる共同体のような場所。事務所というより「同盟」という言葉が合っているかもしれませんね。俳優だけにこだわらず、いろいろなジャンルのフリーの方が集まる牧場のような会社にしていきたい。夢は広がるばかりです。

（『日経エンタテインメント！』２０２２年12月号掲載分を加筆・修正）

# 荒牧を語る

## ～クリエーターが語る荒牧慶彦とは～

荒牧と親交が深いクリエーター、
橋本和明と松崎史也にインタビュー。
俳優・プロデューサー、
それぞれの顔をよく知る2人に、
たっぷりと荒牧の魅力を語ってもらった。

演出家

# 橋本和明

はしもと・かずあき
1978年生まれ、大分県出身。2003年4月に日本テレビに入社し、『有吉の壁』『マツコ会議』などヒット番組を生み出す。22年に日本テレビを退社後、「株式会社WOKASHI」を設立し、フリーに。「株式会社QREATION」のチーフ・ディレクターとしても活躍中。

## 荒牧君は戦友のような存在

『有吉の壁』（日テレ系）をはじめとする数々のバラエティ番組のほか、『卒業バカメンタリー』などのテレビドラマの企画・演出も手掛けるヒットメーカー・橋本和明。2020年に『恋、ランドリー。』（Ｈｕｌｕ）で荒牧と出会い、テレビと舞台で展開した『あいつが上手で下手が僕で』シリーズ、初の2・5次元俳優による地上波バラエティとなった『ろくにんよれば町内会』のプロデュースを手掛けた。さらに、『Ｃｌｕｂ キャッテリア』でエグゼクティブプロデューサーとして参加し、荒牧と共に業界を盛り上げている。橋本は、荒牧のことを「根っからのプロデューサー気質」だと語る。

――荒牧さんとの出会いは、20年のドラマ『恋、ランドリー。』（Ｈｕｌｕ）だとか。当時抱いた俳優としての印象や魅力を教えてください。

あのドラマは、荒牧君が出演するＭＡＮＫＡＩ ＳＴＡＧＥ『Ａ３！』を見に行ったとき、魅力的な俳優さんだと感じて声を掛けたことが始まりでした。お芝居はもちろんですが、彼の声がすごく好きだったんです。キャラクターの感情が一瞬で観客に伝わる、声の表現力のある人だなと感じて。僕がお笑い芸人さんを見ていても思うことですが、ツッコミが面白いかどうかは声で決まる。それくらい声は大切な要素なので、その技術にたけている素晴らしい役者さんだと思いました。

あと感じたのは、「ストイックさ」。彼の役作りに向き合う姿勢がストイックだということは、お芝居を見ただけですぐに分かりました。どういうふうに自分が舞台に立てば、お客様に届くのかを突き詰めて考えている人なんだと思います。その印象は『恋、ランドリー』でご一緒したときも変わりませんでした。というのも、僕が現場で荒牧君の演出にNGを出すことはほとんどないんです。きっと誰よりも本を読んで、キャラクターを考えて現場に挑んでいるから、僕が言うことは何もない。そういう意味でも、荒牧君との現場はすごく楽なんです(笑)。

もちろん、役作りや演出面でお互いの意見が食い違うこともあります。ただ大前提として、それは作品のためであり、「お客様に楽しんでもらうためにはどうしたらいいか」という思いがベースにあるので、そうした話し合いにもストレスを感じることがない。俳優なんだから、自分の見せ方にこだわってもいいのに、それよりも作品としてのベストを考えてくれるんです。だから、自分が関係のないシーンだと感じるとスッと引くことができる。その姿勢こそが、スタッフ陣が荒牧君を信頼する理由だと思います。僕もそのうちの1人で、最初の現場で培った信頼関係が、21年の『あいつが上手で下手が僕で』や23年のStray Cityシリーズ『Club キャッテリア』へとつながっていった。この数年でこれだけの作品をご一緒して、一緒に悩みながら戦ってきたので、荒牧君とは「戦友」のような間柄です。

——『あいつが上手で下手が僕で』(通称『カミシモ』)は、21年に日テレ系で連続ドラマを放送し、同年12月に舞台化。23年4月にシーズン2が放送される人気のコンテンツとなりました。荒牧さんはシーズン1から出演されていましたが、現場での様子は？

『カミシモ』は、舞台のようにワンカメノーカットで撮影するのが特徴的な作品。舞台俳優さんたちは、長回しの演技や、それに備えるチームワークの作り方を分かっているので、現場はすごくやりやすかったです。ただ、それに加えてカメラの画角や動きを考えながらお芝居をするとなると、難易度がグンと上がります。例えば、「この画角で撮影しているときは、そこは横切らないでほしい」という演出側の要望が出てくるので、俳優たちはカメラ位置を考えながら動きを修正していかなければなりません。荒牧君はそんな撮影スタッフの事情も気にしてくれて。彼は現場をよく見ているので、スタッフがなんで困っているのか、次にどんな段取りが必要なのかすぐに気づいたんだと思います。リハが終わった後、後輩のみんなに「もう少し手前に立っていたほうがいいんじゃない？」と率先して修正してくれていて。役作り以外に、そうした撮影の進行やスタッフに対してもストイックに向き合える人だから、現場でも本当に助かりました。『カミシモ』の現場は巻くことが多かったのですが、あれは「荒牧巻き」だったのかもしれません(笑)。

――プロデューサー・荒牧さんと初仕事との初仕事は、橋本さんがエグゼクティブプロデューサーを務めた『Ｃｌｕｂ キャッテリア』。橋本さんは、プロデューサーとしての荒牧さんをどう見ていましたか？

舞台『カミシモ』が終わった打ち上げの席でも、荒牧君はどんどん次にやりたいことを話し出すんです。『Ｃｌｕｂ キャッテリア』も、ご飯に行ったときに「ホストをテーマにした舞台をやりたい」という荒牧君のひと言がきっかけで、僕がかが屋に電話をしてみると、「じゃあ、ホストと猫を合わせたらどうか」と言われて、すぐに企画が決まりましたから。「こんな時くらい休めばいいじゃん」って思うんですけどね(笑)。でも、プロデューサーってそういう人。自分の熱量で周りをどんどん巻き込んでいって、いつの間にかみんなが引っ張られていくという構図が正しいプロデューサーのあり方なので、荒牧君には最初からその素質があったんだと思います。

そして人にリスペクトを持って接することができるかどうかは、役者としてもプロデューサーとしても大事なこと。『恋、ランドリー。』の現場でも、荒牧君はかが屋と張り切ってお笑いに挑戦したり、コスプレまでしてくれましたが、これはお笑いに対するリスペクトの気持ちがあったからこそだと思います。当時のかが屋は、今ほど世の中に名前が出ていませんでしたが、そんなことは関係なく、彼らにリスペクトを持って接してくれた。

『Ｃｌｕｂ キャッテリア』でプロデューサーをやっていたときも、ダンスの振り付けを福澤侑、歌は廣野凌大に任せたりと、周りをすごくリスペクトして信頼している。そうして「いいものを作ってほしい」と周りの人を鼓舞させることのできる人だし、それはプロデューサーの大切な気質の１つでもあります。

いろいろなプロデューサーの形があるので、どこまでコミットするかはその人次第ですが、荒牧君は朝９時からのセット図の打ち合わせ会議にも出席する。そもそも、僕たちの朝９時と俳優の朝９時とでは絶対的に違うものがあるので、こちらも申し訳ない気持ちになるんですよ。だって、夜９時ぐらいまで全力で舞台をやっているわけですから。でも、彼は嫌な顔をするわけでもなく、疲れを態度に出さずに淡々と会議を進めていく。そうした目に見えない努力が感じられるからこそ、スタッフからの信頼が厚いんだと思います。

――そんな荒牧さんですが、プロデューサーとしての不安な気持ちも話されていました。

プロデューサーって、自分のちょっとしたひと言でたくさんの人が動いて大きなことになっていくので、そのことに対する驚きや怖さを感じるのは当然ですよ。僕も同じです！『カミシモ』は、僕が総合演出を務めた『有吉の壁』で、芸人さんと楽屋でいろんな話をしていくなかで、彼らが感じる葛藤や悲哀を物語にしたいなというところから企画を進めたのですが、「芸人がそのままやるのではなく、俳優さんにやってほしい」というつぶやきが、あんなに大きなことになったわけですから(笑)。でも、エンタテインメントは言ったもん勝ち。どんなにすごいエンタテインメントも、誰かのひと言やちょっとした思いつきが形になっていくものです。そこで何か困難が生まれたとしても、ドライブし続ける熱量や不屈な精神を持ち続けるほうが大切なんだと思います。きっと、荒牧君も『Ｃｌｕｂキャッテリア』でそれはすごく感じたはずですよ。

そうした経験を積んでいくことで、荒牧君の持つ言葉の説得力が増していくし、よりみんながプロデューサーとしての彼を応援してくれるようになる。俳優としてではなく、プロデューサーの苦しさは全然違うものだと思うので、そういう意味では、苦しい思いもいっぱいしてもらいたい。もちろん最初は戸惑うし、不安も感じると思うけど、ある時から快感に変わるときがきますから！

僕は、荒牧君はスターであるにもかかわらず、そうした苦しい思いを味わおうとすること自体がすごいと思っていて。荒牧君のやっていることは、僕がいきなり俳優の世界へ入り、エチュードから始めるのと同じくらいしんどいことです(笑)。簡単ではない道に、自分から踏み込んでいく姿勢に、彼の飽くなき好奇心が見えるし、そんな荒牧君だからこそ、誰も見たことのないことを成し遂げてくれるのだろうという期待もすごくあります。これからももっと暴れて、人の心を震わせる作品をどんどん形にして、仲間をいっぱい増やしてほしい。そして、プロデューサーとして成熟し、凄みを増した荒牧君が見たいです！

## 彼らとだから一緒に仕事がしたい

――2・5次元俳優初の地上波バラエティ番組となった『ろくにんよれば町内会』。荒牧さんも連載の中で、「テレビの力を感じた」と話していました。改めて、どのような手応えを感じましたか？

僕が2・5次元界の俳優さんとお付き合いを始めたのは、ここ4～5年のことですが、この業界には芝居も歌もダンスもうまい、ポテンシャルの高い俳優たちがそろっているなと感じました。テレビ畑で活躍してきた僕にできることは、彼らの魅力をより多くの方に知ってもらうためにどうすればいいのか考えることだと感じ、模索しながらもお手伝いを続けている最中です。でもやっぱり反響が大きいのは、テレビに出演すること。幅広い層の目に入ることがテレビの持つ価値ですし、そこから知ってもらった人に舞台を見に行ってもらえるようなアプローチを掛けていくことは大切です。ただ僕は、荒牧君をはじめとする2・5次元界の俳優陣を人気があるから使いたいのではなく、彼らとだから一緒に仕事がしたい。「彼らを知らない人にも魅力が伝わる作品を作りたい」という思いが根底にあるので、僕が荒牧君とご一緒するときは、原作モノではなくオリジナルにできるだけ挑戦したいと思っています。テレビで偶然見てもらうことで、この業界を目指す若者たちが増え、切磋琢磨できる業界になればいいなという思いも込めて。

荒牧君が地上波のドラマやバラエティ番組に出演することで、より活動の幅が広がる一方で、寂しい思いをするファンの方もいるかもしれません。でも、2・5次元俳優のみなさんの魅力を、多くの方に知ってもらうためには、今まで応援してくれているファンの方を大切にしつつ、初めて魅力を知ってくれた方も引きつけなければならない。その両者が満足できる作品を作らなければならないというプレッシャーは、僕たちも悩むポイントだし、荒牧君にも常にあると思います。

でも僕は『カミシモ』や『Ｃｌｕｂ キャッテリア』では、それができていたと感じているんです。夢を追いかけた人間が何にもなれない苦悩を描いた『カミシモ』や、仕事の意味を見出し仲間を見つけていく成長物語である『Ｃｌｕｂ キャッテリア』。両作品とも、人間の普遍的なものをテーマにしているので、幅の広い層に共感してもらえたと感じています。プロデュース作品のすべてがそうでなければならないということではないですが、そこをしっかりと描けるかどうかは、業界の未来のためにも大切なことだと思っています。

――最後に、プロデューサー・荒牧さんや2・5次元界の未来に期待することを教えてください。

ＹｏｕＴｕｂｅやＴｉｋＴｏｋをはじめとするＳＮＳの出現により、すべての人が表現者として作品を発信できるようになった。それにつれて、俳優たちも「表現したいことは何か」が問われる時代になっています。そうした意味でも、荒牧君のような人にはどんどん出てきてほしい。自分たちで何かを表現したり、作品をプロデュースすることで、面白い作品が増えることはもちろん、人の心をより大きく動かすことができるはず。きっと僕たち自身も、俳優たちの才能や表現をどこまで感じ取れるかが問われるようになっていくでしょうしね。

役者として忙しい毎日を送っているにもかかわらず、プロデューサーを続けている荒牧君は、いい意味で「子ども」なんですよ。僕はすごく共感できるのですが、苦労を味わっても、お客様が喜んでくれさえすれば、その苦労を忘れて「またやりたい」というワクワクが勝ってしまう。そんな子どもと大人の両面を持っていることが彼の長所だと思うので、これからも変わらずに走り続けてほしいです。「本気でエンタテインメント界をよくしたい」という荒牧君の情熱は、泥臭くて子どもっぽく見えるかもしれませんが、それを夢見ることがトップとしての責任だし、やるべきこと。荒牧君は2・5次元界を引っ張っていく立場にいる以上は、やるしかないんだと思います。

そうやって荒牧君が道なき道を真っすぐ走っているからこそ、彼の周りには人が集まってくるんでしょうね。僕も荒牧君とは1年に1回は新しいことをしようって思っているし、来年もまた何かをしたいと考えているところです。ここから3年後、荒牧慶彦という人間がどうなっていくのか、僕自身もめちゃくちゃ楽しみ！　でもどんなに成長していたとしても、謙虚な姿勢は変わらないでしょうね。…僕もあんなできた人間に生まれたかったです（笑）。

脚本・演出家・俳優

# 松崎史也

まつざき・ふみや
1980年生まれ、東京都出身。02年に俳優・演出助手として活動を開始し、10年に演出家デビュー。初めての2.5次元演出作品は14年『LIVE ACT「BLAZBLUE」』。2.5次元演劇の他、シェイクスピア作品やオリジナルミュージカルを手掛ける。主な演出作にMANKAI STAGE『A3!』シリーズ、「チェンソーマン」ザ・ステージなど。

## 2・5次元界を変えることのできる人

脚本・演出・俳優と活動の幅を広げている松崎史也。2018年から演出を手掛けているMANKAI STAGE『A3!』は、ロングランヒットを記録し、2・5次元界を語るうえで欠かせない作品に成長。荒牧も19年~23年まで月岡紬役として出演し、松崎は荒牧がプロデュースした22年の「演劇ドラフトグランプリ」やミュージカル『I'm

## ｄｏｎｕｔ?』の演出も手掛けている。親交の深い松崎から見た、俳優・プロデューサーとしての荒牧とは。

――松崎さんから見た、俳優・荒牧さんの魅力を教えてください。

この話から入ると少し軽く聞こえてしまうかもしれませんが、まず強みとして荒牧君は圧倒的に作画がいい。マンガやゲーム、アニメのなかには「人気にしたいキャラクターはこの作画」という一定の方程式があるのですが、荒牧君の身長、体形、顔の作りを含め、衣裳を施したときの完成度は、あらゆる作品に出てくる人気キャラクターにピッタリとハマる。２・５次元舞台というのは、大前提として２次元の作品が原作にあるので、作画がいいことは大切なポイントです。そうしたビジュアル面は荒牧君の天性のものですが、それだけで終わらず、あらゆる演劇の技術も伴っている。それはきっと彼自身が、自分の天性の作画力を理解したうえで身につけた努力の賜物《たまもの》なんだと思います。

そうした技術の先にある荒牧君のキャラクターの再現度の高さには、毎度驚かされています。２・５次元舞台を知らない方が見れば、キャラクターのモノマネに見えるかもしれませんが、彼はキャラクターの本質をつかんだ後に、自分の体を通して表現している。モノマネではなく、きちんと血を通わせて板の上に立っているんです。だから荒牧君の場合は、物語の中でアドリブで話す場合もカーテンコールでさえも、キャラクター要素が損なわれることが非常に少ない。そうした荒牧君が持つ演技者としての素質は2・5次元舞台の時代性ともマッチしているし、彼自身もそれを自覚したうえで舞台に挑んでいるような気がします。実績、実力の両面をどう取っても、荒牧君は2・5次元界の顔です。同時に、業界全体を進め、これまでのあらゆる概念をひっくり返すことのできる人＝2・5次元演劇のゲームチェンジャーだと思っています。彼にしか見えない景色があり、彼にのみ襲われる重圧もあると思いますが、それをいつも引き受けている人だなと思っています。

同じ作品を一緒に作ってきた演出家として言うと…、とてもしっかりした役者だなと。荒牧君は、俳優仲間たちからは「ぽやぽやしている」「天然っぽい」というエピソードがよく明かされていますが、僕からはあまり想像がつかないんですよ。現場に入ると、演出家と俳優としての関わりになるので、「演技の好きな、勘のいいカンパニーと観客思いの、しっかりとした役者」という印象ですね。

――松崎さんが18年から演出を手掛けている「MANKAI STAGE『A3!』」（以下、『エーステ』）は荒牧さんにとっても大切な作品の1つですが、23年の1月に開幕した

MANKAI STAGE『A3!』ACT2!～WINTER 2023～大千秋楽で卒業を発表しました。改めて『エーステ』にとって、荒牧さんはどのような存在に？

荒牧君は、「今、自分たちは何をしなければならないのか」を非常に理解しているので、カンパニーにとって非常に頼もしい存在だったと思います。そして、荒牧君は舞台上での振る舞いはもちろんのこと、SNSでの発信の仕方も含め、すべてがファンファースト。例えば、公演中は演じているキャラクターをアイコンにしたり、言葉遣いに気をつけたり。そうした姿勢は後輩にとって間違いなく参考になっていただろうし、影響したはずです。

そして、荒牧君は『エーステ』のカンパニーをすごく愛してくれています。本人と話した会話と自分の推測を合わせた見解になりますが、俳優たちがこの場所で学び、得るものの大切さが分かっているからこそ、卒業を選んだのだと思います。『エーステ』が豊かな場所だからこそ、このまま自分が立ち続けているより、1人でも多くの俳優たちにその機会を与えたいと感じていたのではないでしょうか。その気持ちが伝わっていたからこそ、僕は彼の背中を押すだけでした。荒牧君は間違いなく、『エーステ』が多くの人に愛され、こうしてロングランで公演できる作品となる道しるべを示してくれた1人でした。

――荒牧さんプロデュース作品である「演劇ドラフトグランプリ」とミュージカル『I'm

ｄｏｎｕｔ？』では演出を務められました。プロデューサーとしての荒牧さんは、松崎さんの目にどのように映りましたか？

役者としても感じていたことですが、プロデューサーとしての荒牧さんもファンファースト。そのうえで、作品に携わる俳優やスタッフがフラストレーションを感じない現場作りを心掛けてくれている印象です。そもそもプロデューサーを始めて1、2年ですごく刺激的で意欲的な企画ばかり手掛けていますよね。この先、荒牧君はどんどんプロデューサーとして成熟していくでしょうから、僕はその思いに作品を通して全力で応えていくだけ。人同士の関係性としては役者の頃とそこまで変化はないのかもしれません。変わったことと言えば、「荒牧君」から「荒牧さん」に呼び方が変わったことくらいですね（笑）。

――松崎さんは、脚本・演出業のほかに俳優としても活動の幅を広められています。俳優と兼業することの難しさや楽しさはどこに感じていますか？

僕にとって俳優業は、舞台上でしかできない呼吸をしに行く場所。演劇というのは、俳優1人と観客1人が最小単位だと考えているのですが、舞台上でお客様と向き合ってみないと分からない感覚がある。それは演出家としての自分にも大きくフィードバックするものなので、自分のために続けているという感覚なんです。なので、荒牧君が俳優をやりながらプロデューサーをやる楽しさや難しさと、僕が演出家をやりながら俳優をやっていることは、事実としては近いけれど意味や意図は大分違っているとは思っています。

荒牧君にとっての俳優業は、彼にとっての生業であり、人生をかけているもの。…と、これは僕が勝手にそう推測しているだけですが。彼がプロデューサーをすることは、業界全体の未来のために使命感でやっている要素があるとも感じていて。もちろんそこに楽しさも感じているはずですが、彼にとって役者とプロデューサーの兼業はそれだけ負担の大きなことなんです。複数のポジションを行き来することは違う脳を使うので、気分転換になったり、もう一方の仕事にも良い影響が生まれたりすることもある。ただ、プロデューサーはやっぱり精神的に1番大変なポジションですから…兼業はとても大変だと思います。想像すると胃が痛い(笑)。それでも荒牧君は、その道を歩むことを決めて進んでいる。大変な道ではありますが、俳優としてのステップアップにも確実につながるでしょうし、業界にとっても大きな功績になると思います。

――『エーステ』のロングランヒットは、2・5次元界に残した大きな功績の1つ。演出家の松崎さんを語るうえで、2・5次元舞台はなくてはならないものになりました。演出家としてブームを生み出した松崎さんは、今の2・5次元界をどう見ていますか?

## 演劇を通して、荒牧君の思いに応えたい

2・5次元舞台は、演劇界全体を豊かにしてきたコンテンツであるにもかかわらず、一定の割合で低い評価をしている方々がいるのが現状です。僕も荒牧君と同じように2・5次元舞台を愛し、感謝をしているので、そうして低く見積もられてしまう不当な評価を変えたいと強く感じています。ただ、これは2・5次元舞台だけに言えることではなく、どのカルチャーでも最初は不当な評価を受けがちなんですよね。だから軽く見られてしまうことについて、一定の理解と納得はしています。ですが、今後は「そうは言っていられないところまできている」というところを見せていきたいです。

きっとそうした思いは、荒牧君をはじめとする2・5次元俳優と呼ばれる方々のほうが強く感じているはず。不当な評価をする方々の視線や思いに最初にさらされてしまうのは、俳優たちですから。荒牧君は、2・5次元界の看板俳優として、その思いも背負って進んでいってくれている気がしています。「演劇ドラフトグランプリ」のように、「武道館で2・5次元俳優と演出家を集めて演劇を見せよう」という発想や試み自体が、業界外に向けて届けたい志の表れだと思いますしね。言葉にして語り合ったりはしていないけど、そ

うした彼の思いはすごく感じるし、僕も賛同しています。僕は、これからも荒牧君の思いに演劇で応えるだけですね。そして近年はその評価が変わりつつあるとも感じています。というのも、演劇装置や俳優の技術が進化したことにより、2・5次元演劇の解像度が格段に上がってきているんです。端的に言うと、クオリティーの高い作品が格段に増えたんですよね。そんな今だからこそ、変わるタイミングに差し掛かっているんだと思います。

荒牧君がここ数年で地上波ドラマやバラエティ番組に出演したり、化粧品の広告塔になったりと行動に移していますが、2・5次元界の顔である彼がこうした活動をすることに非常に意味がある。都度、称賛だけでなく苦しみやジレンマを感じることもあるかもしれませんが、仮に即効性がなかったとしても必ず結果が伴ってくる活動だと感じています。もしかすると、その結果を享受するのが荒牧君や僕たち世代ではない可能性もあるけど、この世界全体がよくなる指針となる行動だし、素早くアクションを起こす姿勢に尊敬もしています。僕自身は演出家として作品自体のクオリティーや見え方をアップデートしていくことや、稽古期間やカンパニーのあり方などの中身を健全に令和的に充実させていくことが今現在、自分の興味のあること、かつすべきことだと感じているので、作品と真摯に向き合い、新しい演劇を生み出すことで、2・5次元舞台というものの存在価値や評価を変えていけると信じて、日々取り組んでいる最中です。

——2・5次元界の未来に向けて、荒牧プロデューサーと一緒にやりたいことは？

僕の肌感ですが、原作の持つ世界観やキャラクターを分解して、演劇として再構築するノウハウと、今も進み続けている舞台技術を取り入れた2・5次元舞台は、世界でも新しい演劇として通用する可能性を感じています。だからこそ僕の夢の1つは、世界で2・5次元舞台および2・5次元ミュージカルを上演すること。それは荒牧君と一緒にやるかもしれないし、別でやるものかもしれませんが…。一緒にやれたら、より楽しいし、意味があると思っています。

このインタビューを通して、「2・5次元界の見られ方を変えたい」「業界がよくなるように努めたい」という話をしてきましたが、これから荒牧君と何をしていきたいかと改めて問われると…「見たことのない面白い演劇を一緒に作りたい」という衝動に戻ってしまいますね。僕はこれからも一緒に、荒牧君と新しい演劇を作りたいです。

荒牧慶彦

ARAMAKI YOSHIHIKO

2と3の

2 TO 3 NO AIDA

あいだ

書籍化スペシャル対談①

# 鈴木拡樹 × 荒牧慶彦

書籍化を記念し、荒牧と親交の深い俳優との対談を実施。
1人目は荒牧が尊敬する先輩・鈴木拡樹。
共演経験も多く、旧知の間柄の2人。
鈴木は、プロデューサーとしての荒牧をどう感じているのか。

書籍化スペシャル対談①

×鈴木拡樹

# トップを走る2人が開く業界の未来と後輩へのバトン

2・5次元界で大きなムーブメントを巻き起こした第一人者・鈴木拡樹。荒牧が最も尊敬する先輩であり、共演作の多い2人は深い信頼関係で結ばれている。「業界の顔」として看板を背負う2人だからこそ感じる、2・5次元界への思いを聞いた。

荒牧が尊敬する先輩として真っ先に名前を挙げる俳優・鈴木拡樹。2014年の舞台、水木英昭プロデュースvol.16『眠れぬ夜のホンキートンクブルース第二章～復活～』で初共演を果たし、その後も舞台『刀剣乱舞』シリーズのほか「バクマン。」THE STAGEなど、荒牧との共演作品は多い。さらに23年は3月に『映画刀剣乱舞-黎明-』が公開され、8月には七周年感謝祭-夢語刀宴會-が幕張メッセで開催されるなど、共演の多い1年となった。その鈴木が、書籍化スペシャル対談のゲストに登場。

鈴木は、08年の『最遊記歌劇伝』シリーズから2・5次元作品に携わり、ミュージカル『SPY×FAMILY』では帝国劇場（東京・千代田）で座長を務めた。キャラクターと同化する圧倒的な表現力と繊細かつ美しい殺陣で、今もなお業界トップを走り、多くのファンを魅了している。2・5次元人気を築き上げた先駆者と名高い鈴木と志は同じく、新しい道を開拓し続けている荒牧。業界トップをけん引する2人は、お互いについて、そして業界の未来をどう見ているのか。

――共演経験も豊富な2人ですが、改めてお互いはどのような存在ですか？

**荒牧**　尊敬しかない先輩です！　僕が初めて拡樹君の芝居を見たのは、舞台『弱虫ペダル』。荒北《あらきた》靖友《やすとも》というクールな役を演じられていたので、「怖い人なのかもしれない」と思っていて（笑）。

**鈴木**　そうそう。最初に会ったときも、その話をしてくれたよね。

**荒牧**　実際にお会いすると、すごく物腰の柔らかい方で。「お芝居でこんなに変われるんだ！」という驚きを感じたし、そのストイックさに感銘を受けました。今も変わらずに尊敬しています。

**鈴木**　それは僕も同じで、まっきーからすごく刺激をもらっているよ。近年はよりマルチに動かれているけど、そうしたまっきーの動きに、周りの俳優やスタッフ陣が乗っかって、2・5次元のコンテンツの幅を広げている姿を見て「パワーがあるな」と思ってる。

まっきーと最初に会ったときに感じた印象は、器用さのなかに遊び心のある人。あれから10年がたって、「あの遊び心がこういう開花の仕方をするんだ」と(笑)。僕もワクワクしながら、楽しく活動を見守らせてもらっています。でも「プロデュースをする」と最初に聞いたときは驚いたよ。俳優と両立することの難しさは絶対にあるだろうなと感じていたし、実際にも大変でしょう？

**荒牧**　正直に言うと、しんどいところはしんどいです(笑)。

**鈴木**　そうだと思う。でも、実際にまっきーは様々な企画を成立させていて。これは多くの賛同者がいないと成り立たないことだし、まっきーの人望があってこそ始められたんじゃないかな。

──お2人の最近の共演と言えば、8月の舞台『刀剣乱舞』七周年感謝祭 ‐ 夢語刀宴會 ‐ です。

**荒牧**　その前は「バクマン。」THE STAGEかぁ。けっこう期間があいていたんですね。でも、七周年感謝祭 ‐ 夢語刀宴會 ‐ のステージに立って感じたのは、拡樹君が演じる三日月宗近《みかづきむねちか》がいると安心するということ。三日月宗近と山姥切国広《やまんばぎりくにひろ》（荒牧）は『悲伝』（18年）でお別れしてしまっているので、2人が横に並ぶ懐かしさを感じましたね。映画でもまんばちゃん（山姥切国広）は別行動でしたし…。

**鈴木**　『刀剣乱舞』関連で、僕たちはすれ違いばっかりだね(笑)。

**荒牧**　そうなんですよ！　でも、山姥切国広を演じているときはずっと頭に三日月宗近の存在があるので、不思議と拡樹君と久しぶりの共演だという意識はなくて。

**鈴木**　確かに僕もその感覚はないな。共演していないときでも、『刀ステ』メンバーからまっきーの情報は入ってくるから、会ったような気になるんだよ。

**荒牧**　ははははっ！　それは僕も同じです。

## 研究を重ねて挑んだ三日月宗近

――お2人の歴史を語るうえで絶対に外せないのが、舞台『刀剣乱舞』シリーズです。荒牧さん演じる山姥切国広が一振りで出演した、舞台『刀剣乱舞』山姥切国広 単独行 - 日本刀史 - は、鈴木さんも見に行かれたとか。

**鈴木**　そうなんです。脚本・演出の末満健一さんならではの舞台だったというか、「末満節」が効いていましたね。あの短時間で何役も演じ分けるという演出は、まっきーの良さが光っていたと思う。衣裳の早替えにも驚きました。カツラまで変わっていたもんね。

**荒牧**　いつもは、カツラをピンで留めているんですけど、今回はその時間がないので、全部1点留めできるようにメイクさんたちが試行錯誤してくれました。

**鈴木**　役を切り替えるだけで疲れたでしょ？　スイッチを切り替えながら様々な役を演じるというのは難しいことですから。

**荒牧**　もちろん最初に話を聞いたときは大変そうだとは思いましたが、役者として挑戦しがいのある作品だったので、そこに対する面白さはすごくありました。板の上では夢中なので、気づいたら終わっていて疲れている…という感じでしたね(笑)。

**鈴木**　このスタイルの舞台をやってみたいと思う役者は多いんじゃないかな。これだけのボリュームだとやりがいは絶対にあるもんね。

**荒牧**　見に来てくれた役者仲間からは、「うらやましい！　オレも挑戦したい」という言葉をいただくことも多くて。それができた自分は幸せだなと思います。劇中で、拡樹君の演じる三日月宗近を僕が演じるシーンがあったので、何よりも僕は拡樹君に見てほしかった。だから、見に来てくださってうれしかったです！　僕が思いを馳せた三日月宗近は、どう見えていましたか？

**鈴木**　僕たちが以前描いたことのあるシーンを再現してくれていて。あの時が1番見ていても緊張感が増したし、とにかくうれしかったですね。ほんのり、まっきーが三日月宗近を演じるとは聞いていましたが、具体的なところは聞かされていなかったので楽しみにしていました。でも、まさかああいう形で『悲伝』での戦いを再現するとは…！　僕としてもすごくうれしかったし、何年かたって、当時の戦いを描いてくれていることに感動しました。

**荒牧**　殺陣に関しては、『悲伝』の三日月宗近の動画を何度も見て、コピーできるところはコピーしようと思って挑みました。斬られ方もすべて研究したんです。

**鈴木**　それはしっかり伝わっているよ。

**荒牧**　よかった！（笑）　まんばちゃんも布があるので大変ですが、三日月宗近の殺陣って本当に難しいですよね。とにかく袖が重くて刀が振りづらい。だんだん慣れてきましたけど、これをうまくさばいている拡樹君はすごいなと感じました。

**鈴木**　房がついているので、通常の袖となびき方が違うんだよね。普通の着物の袖の揺れとも違うし、塩梅が難しいかも。でもそこも含めて素晴らしかった！　新しい山姥切国広を見た気がします。

――改めて、お互いをどのような俳優だと感じていますか？

**荒牧**　拡樹君のことは憑依型の役者だなと思っているんですよ。「キャラクターがそのまま出てきたんじゃないか」と感じる表現力の持ち主。見た目だけじゃなくて、オーラまで憑依しているというか…。いつも引き込まれてしまっています。

**鈴木**　まっきーも繊細な作り込みをしているよね。『単独行』でもそうでしたが、1人ひとりのキャラクターにきちんと向き合って演じている姿勢を感じる。所作や立ち回りも人に合わせて違っているしね。それは僕も演じるにあたって大切にしているところなので、刺激をもらえるし、自分の創作意欲もかき立てられます。

**荒牧** ありがとうございます。舞台を観劇するって、すごく大切ですよね。自分と違うアプローチでの役づくりを見ることができるので、人の演技を見るって面白い。

**鈴木** 直感でいく人と資料を集めて挑む人がいるしね。

**荒牧** バラバラですよね。僕はどちらもやるタイプかもしれません。

**鈴木** 僕は資料派かも。ある程度の資料を集めて、肉付けをしていくタイプ。まっきーが言ってくれた「憑依型」という言葉通りかは分からないけど、確かに板の上にいて1番しっくりくるときは、ほぼほぼ素がないとき。だからこそ、そこに至るまでキャラクターを理解できているかが大切で、どれだけ向き合う時間を作れたかが勝負になる。そのために、下調べの時間は大切にしています。

**荒牧** なるほど。お芝居ももちろんですが、特に僕は拡樹君の殺陣が大好きなんです! お互いに自己流ではあるけど、「流派が違うな」と思ってる(笑)。特に三日月宗近の殺陣が好みで。

**鈴木** 先輩の足運びを見て「カッコいいな」というところから始まったんだけど、僕の殺陣は足運びが独特かもしれない。体が華奢なほうなので、大きく見せるためにあえて1歩多く踏んで大回りをしていたり。まっきーは、最近で言うと『単独行』の山姥切国広が極《きわみ》になってからの殺陣が素晴らしかった！　会った瞬間に「すごかったよ」って言っちゃったもんね。もちろんストーリーの内容も響いてはいたけど、真っ先に伝えたくて。自分でもそこを真っ先に伝えたいと思うとは思ってもみなかったので、相当響いたんだろうね。

極になったことで物理的に強くなるわけですが、強さは余裕につながるもの。そして余裕が勝つとだらしなさが出てしまうんです。でも、まっきーは緩急のある余裕をつくっていたよね。鞘を使っていない、という単純なものではなくて、居方そのものが違っていて、新しい山姥切国広を見られた気がしたな。心の成長にもリンクしていたし、見事でした。

**荒牧**　その言葉が本当にうれしいです！　ありがとうございます。

——2・5次元ブームを作り上げ、業界を守り続けているお2人ですが、2・5次元の持つ魅力を教えてください。

**荒牧**　小説、マンガ、アニメ、ゲームって、素材を受け取った後に自分の世界で膨らますことができる媒体だなと感じていて。それを舞台で表現するときに、人の解釈が乗って、あらゆる表現方法が生まれてくるので、自分の中で楽しんで完結していた世界がどんどん広がっていく。そうして、自分の好きなものをいろいろな角度から楽しめることで、「好き」がより豊かになっていくのが1番の魅力。舞台上で、キャラクターが人間となり、熱を帯びて生きていることで、作品への「好き」が再確認できる気がしています。

**鈴木**　舞台で動いているということによって、キャラクターを身近に感じられる気がするよね。アニメを実写にするので、2・5次元舞台に無理難題はつきもの。でも、観客に世界を想像させる余地があるというのが舞台の持つ大きな武器なので、「実写化には向いていないんじゃないか」と言われるマンガほど舞台向きだったりする。例えば、必殺技が飛び交う作品でも、それをどう再現するかに答えはないし、舞台ではいろいろできちゃいますから。それを考えることができる、発想できる柔軟さが、見る側としても演じる側としても面白いポイントです。

リアルだけを突き詰めるお芝居も好きですすし、そこに対する美学ももちろんあります。でもそこだけじゃなく、「どうしたらうまく表現できるか」という課題に対して、みんなで答えを持ち寄って具現化できるのは、やっぱり楽しいんですよね。

――「トップ」として2・5次元の看板を背負うことへのプレッシャーを感じることはありますか？

**鈴木**　確かに、それはちょっと聞いてみたいな。どう？

**荒牧**　たまに期待が重いなと感じるときはありますね。期待してもらえるのはうれしいし、やりがいもあるけど、苦しくなる瞬間もある。でもまったくプレッシャーを感じていないくらい、ポーッとしてるときもあったりもして（笑）。そこまで気負わずにいこうとは思っていますけど…拡樹君はどうですか？

**鈴木**　同じかもしれないね。それなりのプレッシャーと責任は感じているけど、それだけになっていると押しつぶされて終わってしまうと思うんです。そうならないように、作品に挑む際も自分が楽しめるかどうかは大切にしていることの1つ。

そして作品に向き合うだけではなく、こうしてインタビューを受けるというのもありがたい時間だなと感じています。芝居を抜きにして、立ち止まって1度考える時間を与えてもらえているし、共演者たちとの意思の疎通も図ることができる。だって、ご飯に行っても「2・5次元の未来について」なんて話さないでしょ？ 僕も雑誌を読んで、皆がどう思っているのか知るんだから（笑）。真面目に話す照れくささもあるだろうし、そういう意味でも、インタビューは役者にとっていい機会。周りの俳優たちが考えていることも分かるし、賛同すべき意見も見えてくる。そうして考えを整理しながら、周りを見ながら進んでいきたいよね。

**荒牧**　そういう意味では、僕たちは対談取材を受ける機会が多いので、そこで意思疎通が取れているのかもしれません。拡樹君とは向いている先が同じなんだ、と感じているので。

――今の2・5次元界を、お2人はどう見ていますか？

**荒牧**　バラエティ番組やドラマに出演したり、地上波でのアプローチは大切だなとは思ってやってきましたが、だいぶ世間には広まったような気がしています。でも、ここからが大切ですよね。2・5次元ブームのお祭りの火種を消してはいけないと思うので、舞台だけでなく「ACTORS☆LEAGUE」や「演劇ドラフトグランプリ」といったイベントは続けていきたい。「武道館で演劇をやっている」「東京ドームで野球をやっている」と業界外に大きなインパクトを残せていると思うので。

**鈴木**　まっきーは今でも十分にその効果や実績を感じているだろうけど、年月がたつにつれて、より実感できる気がするよ。僕も10数年前は「もっと2・5次元舞台を海外の方に知ってもらいたい」と語っていましたが、最近は海外進出をしている作品も増えてきて、それがニュースとなり日本国内でも知ってもらえる効果があったと思うので、ようやくみんなで2・5次元を1つのコンテンツにしていけたんだなという手応えは感じています。

一方で、そのために2・5次元界はいろいろな改善がされてきたわけですが、若手の登竜門としての舞台はなくしたくない。2・5次元舞台は、デビューして間もない若手の俳優を発掘できる場でもあるので、お客様が新しい俳優を見つけて、推し活をしてくださったりする文化は絶やしたくない。

**荒牧**　そうですね。そのためにも若手の育成は急務。もちろん育ってはいるけど、よりたくさんの俳優が出てくるといいですよね。

**鈴木**　現場を見ていても、まっきーは後輩との接し方がうまいよね。

**荒牧**　うまいですか⁉ 友達みたいに接しているだけですよ。

**鈴木**　ナチュラルにできているのが、すごいなと思ってる。10代や20代前半の俳優は、僕に対してすごく丁寧に近寄ってくれたりするので「そんなに丁寧にしなくて大丈夫です」って悩むときがあるから(笑)。そういう距離感が板の上で見えてしまうとよくないし、コミュニケーションは大切。映像撮影のように集まってすぐに撮る、というスピード感ではないので、そういう意味でも稽古時間があるというのは1つの武器なのかもしれないな。

## 2・5次元を日本の文化に

——多方面のアプローチにより、広まってきた2・5次元界。エンタテインメント界全体において、どのようなフェーズに直面していると考えますか?

**荒牧**　2・5次元界を愛してくださる方も増え、認知度がどんどん広まっていく一方で、いまだに「2・5次元なんて…」とさげすむ方がいるのも現状。その垣根や固定概念をどんどん取っ払っていく時期なんじゃないかなと感じています。黎明期が過ぎ、今は転換期に入っているんだと感じています。

アニメやマンガ原作のものを舞台化するというのが「2・5次元舞台」でしたが、様々な場所でメジャーなアニメが舞台化・実写化されているので、そうした垣根はなくなってきていますよね。僕自身、「2・5次元」という単語はすごく好きだけど、それにとらわれ過ぎてしまっている方も多い気もしていて…。「これは『2・5次元舞台じゃない』」と区別したり、そこにこだわらなくてもいいと思う。演劇という大きな枠の中の1つのジャンルなんですから。

**鈴木**　その通りだよね。「2・5次元」と言っても、「3次元と2次元のどこを取ってもいい」という振り幅は広くなっていると思う。作品によって、2次元に近くても、3次元に近くてもいい。

**荒牧**　今はテレビドラマも含め、原作のある作品がほとんど。そんな今だからこそ、僕たちの業界にも追い風が吹いてくるといいなと感じています。

**鈴木**　エンタテインメント界で「2・5次元」というコンテンツの壁をなくしつつ、海外の方にも1つのジャンルとして覚えていただきたいね。きっと今は、日本の演劇と言えば真っ先に「歌舞伎」を思い描くと思うけど、そこに「2・5次元」が加わることのできる未来が来るといいな。文化として根付く、という意味でももっと認知度を広げて、様々な作品を確立させていかないといけないですね。そうして2・5次元が1つの文化になることができれば、もっといろいろな方が飛び込みやすいものになる気がする。

**荒牧**　日本の演劇に足りないのは、生活の身近さですよね。生活の一部にするためにはチケット代は安くならないといけないし、それにはスポンサーが必要で…といつもぐるぐる考えています。演劇と飲食をつなげるのもいい気がしていて、そうして演劇と食をどう結び付けられるかを試行錯誤して生まれたのが、ミュージカル『I'm donut?』だったんです。味で与えられる感動もあると思うし、オリジナルドーナツも喜んでくださったので、手応えは感じました。連載の対談で（佐藤）流司から海外公演での話を聞いて、日本と海外の観劇方法がまったく違うなと感じて。応援上映のような日を作って「好きなときに声を出してOK」と銘打った公演もいいかなと思ったんです。

**鈴木**　日本の観劇マナーは、お客様が独自ルールを考えて協力してくださって生まれているものだし、それが役者たちの演じやすい環境を作ってくださったのは間違いのないこと。でも、そうした自由な公演も大切だよね。コロナ禍では、声すら出してはいけないという期間もあったから、今まさにそういうアプローチが必要な気がする。同じ空間を楽しむというのが舞台の醍醐味なのに、声出しがしにくいという状態はもったいない。

**荒牧**　一体感を出すためにも必要ですよね。生活に根付くという意味で、ブロードウエイのように、いつか東京に演劇街を作るのが僕の夢なんです。

**鈴木**　その発想はいいね！　下北沢も小劇場が多いし、演劇街と呼ばれつつはあるけど、さらに盛り上がって広がっていくといいよね。演劇は友達と観劇に来ていただけるケースはあれど、夫婦やカップルで観劇に来られるケースはまだまだ少ない。最近、少しずつ増えてきているのは自分でも実感していて、うれしいところなんですけど。

**荒牧**　男性の方もいらっしゃいますよね！『単独行』でも男性の方をちらほら見かけました。

**鈴木**　もっと見に来てくださる層を広げるためにも、まっきーの描く未来はすごくステキだね。

**荒牧**　その街で、70歳までに「演劇界のドン」と呼ばれるように頑張ります！（笑）

――「バクマン。」THE STAGEは、荒牧さん発案で始動し、鈴木さんにオファーをしたことで始まった舞台でした。本格的な荒牧さんプロデュースで共演をするなら？

**鈴木**　僕は、やっぱり2人でやるなら、アニメやマンガ原作の作品を作りたい。ほかのジャンルに挑戦するのもいいけど、1本選ぶとなると2・5次元作品がいいなって。

**荒牧**　確かにそうですね。僕も拡樹君と共演するなら、やっぱり『バクマン。』みたいな「2人で1つ」というコンビ感のあるものに挑戦してみたいです。実は、あと1つ考えていることがあって。この連載で佐久間（宣行）さんと対談した際、「2・5次元舞台をテーマにしたコメディ」はどうかというアイデアをいただいたんです。

**鈴木**　コメディ、好きです！　どんな作品？

**荒牧**　2・5次元舞台の原作に対して、「こんなのできるわけない！」と言いながら俳優たちが試行錯誤する様子を描くコメディなんです。実際に、2幕でその舞台を見せるんですよ。例えばテニスなら「舞台上でテニスなんて…球はどうするんだよ!?」みたいな話をしたり（笑）。2・5次元舞台を応援してくださる方はもちろん、知らない方も楽しく見ていただけそうで。

**鈴木**　実際に、そこから2・5次元舞台は始まっているからね。

**荒牧**　『弱虫ペダル』も自転車を舞台で表現するにはどうすればいいんだ、というところからですもんね。

**鈴木**　「パーツを減らしていくか…」って言ったら、最終的にハンドルしか残らなくなった(笑)。

**荒牧**　ははは っ！　でも、この企画を聞いたとき、僕はやっぱり拡樹君と一緒にやりたいなと思ったんです。実現するかは分からないけど、その時はぜひ佐久間さんにも参加してもらいたいです。

**鈴木**　ぜひ、その時はよろしくお願いします。

**すずき・ひろき**
1985年6月4日生まれ、大阪府出身。近年の出演作に、『最遊記歌劇伝―外伝―』など。少年社中25周年記念ファイナル第42回公演『テンペスト』が24年1月6日から池袋・サンシャイン劇場で公演。

書籍化スペシャル対談②

# 荒牧慶彦 × 佐藤流司

書籍化スペシャル対談2人目は、
2.5次元界トップに立つ同世代の俳優・佐藤流司。
互いに切磋琢磨し合ってきた2人が語るエンタテインメントとは。

書籍化スペシャル対談②

# ×佐藤流司

# 業界を支える2人から見た
# 2・5次元界の今とこれから

2・5次元界の先頭を走る俳優・荒牧慶彦と佐藤流司。互いを「真逆」だと語る2人だが、俳優業以外にプロデューサーや脚本・演出面でクリエーターとしても活躍するなど志は同じ。業界の未来のため、それぞれのやり方で道を開拓する彼らに思いを聞いた。

マンガやアニメを原作にした2・5次元舞台ブームの火付け役となり、今も業界を支えるトップランナーである俳優・荒牧慶彦。舞台『刀剣乱舞』史上初となる、刀剣男士「一振り」のみでの公演「山姥切国広単独行 - 日本刀史 - 」に挑むなど役者としての人気もさることながら、プロデューサーや所属事務所「Pasture」の社長業をこなしている。『日経エンタテインメント!』で連載していた「2と3のあいだ」では、荒牧のプロデューサーとしての側面をインタビューしてきたが、今回は書籍化記念スペシャル対談として、同じく高い人気を誇る俳優仲間・佐藤流司がゲストに登場。

佐藤は、ミュージカル『刀剣乱舞』やライブ・スペクタクル「NARUTO - ナルト - 」など人気作に多数出演し、ダンスボーカルユニット「ZIPANG OPERA」やRyuji名義のバンドプロジェクト「The Brow Beat」として音楽活動にも注力。さらに2023年は、舞台『カストルとポルックス』の原案、脚本、演出を含む全プロデュースを手掛けるなどマルチな才能を発揮した。

ともに2・5次元業界トップをひた走る、同世代の2人だが、意外にも初共演は19年のドラマ『REAL⇕FAKE』で、舞台での共演はまだない。役者業以外にも活動の幅を広げるクリエイター目線を持つ、真逆でありながら同士とも言える2人が見据える2・5次元業界の未来とは。

## 真逆であり、同士の2人

――お互いの第一印象は？

**荒牧** 初めて会ったのは、14年のミュージカル『テニスの王子様』２ndシーズン？

**佐藤** そうですね。でも、まったくしゃべってないんですよね。所属する学校も違うし、演技で絡むようなシーンもなくて。『Dream Live 2014』で席が斜め前だった、という印象しかないです（笑）。話をするようになったのは、初めて共演した『REAL⇕FAKE』でした。

**荒牧** これまでもあいさつ程度の会話はあったけど、ガッツリ仲良くなったのはそれからだね。実は、流司は怖い人なんだと思っていたんですよ。流司を知る人からは、「全然怖くない」とは聞いていたんだけど…眼光が鋭いから（笑）。

**佐藤** あはははっ！

**荒牧** 話してみると、すごく優しい人で、周りもよく見ているし、先輩への気遣いも忘れない。100点満点な男でした。

**佐藤** その褒め言葉、最高です！ オレも荒牧君と話す前は、もっと堅い人だと思っていたんですよ。でも、すごく柔らかい方で。こんなにカッコいいんだから黙っていてもいいのに、きちんと面白いですし。

**荒牧**　それを言えば、流司のボケは最高だよ！　僕たちが出演していたバラエティ『ろくにんよれば町内会』のときも、僕が思いつかないボケで攻めていて。「なんでこれが思いつかないんだ」って悔しくなるくらいだった。今でも初めて会う役者やスタッフさんから「『ろくまち』見てました」と言っていただけることが多いし、地上波に出演したことで一般層はもちろん業界での知名度が広がった気がします。

**佐藤**　地上波だと意識して、言葉遣いもきれいになっていた気がします。

**荒牧**　いや、結構なこと言ってたよ？

**佐藤**　…言ってたか！（笑）

**――意外なことに、お2人は舞台での共演経験がまだないとか。**

**荒牧**　そうなんですよ。きっと流司は僕とは違う価値観を持っているから、お芝居のアプローチも真逆なんじゃないかな。

**佐藤**　オレも同じことを思っていました。お互いに持っているものが真逆だから、ボケの種類も違いますしね（笑）。お芝居の面でも、荒牧君はオレにはできない「王道のカッコよさ」を体現されていて。あと、徹底して役を演じ切っていますよね。役者のなかには、台本からはみ出したり、キャラクターを自分に寄せてしまう人もいる。オレもやりたくなるときがあるけど、荒牧君は徹底して役を守っている印象です。

**荒牧**　うれしいな。流司には華があるよね。舞台を見ていても、流司が発するひと言でお客様の視線が集まるし、観客を引き付ける能力は誰よりも秀でている気がする。

**佐藤**　華は…ありますねぇ(笑)。いや、あったらいいなと思っていますけど。でも、それは荒牧君も同じですよ。

**荒牧**　ありがとう！　自分と似たタイプの役者には、どうしても嫉妬心が生まれてしまうけど、流司はタイプが違うから手放しで尊敬できる。もちろん、自分にないものを持っているからこそ、悔しい気持ちもありますけど。

**佐藤**　オレは全部うらやましいなと思っていますよ。まずは、この顔。

**荒牧**　いやいやいや！

**佐藤**　性格の柔らかさや器量、そして声。荒牧君の声は、万人受けすると思うんです。オレの声は人を選ぶ歌声なんだと自覚しているけど、荒牧君にはそれがない。誰が聞いてもスッと耳に入ってくるし、ハモリもできる。親和性の取れた声ですね。

**荒牧**　声といえば、去年開催された『REAL⇕FAKE』のスペシャルイベント「『REAL⇕FAKE Final Stage』SPECIAL EVENT FOR GOOD」のとき、『Memories with you』という楽曲を流司とデュエットしたんです。そのとき「なんて色っぽい声を出すんだろう」って驚いたよ。ちょっとハスキーで色っぽい流司の声は、オレには出せない。

芝居をする際も、声は大切なポイントなのでうらやましい限りです。

——では、初共演となる舞台はどんな作品がいいですか？

**荒牧**　実はちょっとした構想を勝手に考えていたんですよ。僕たちは真逆なタイプなので、流司が僕のような役を演じて、僕は流司のような役を演じるのはどうかなって。そして途中で役を入れ替えたい！　役作りもセリフ覚えも2倍なので大変ですけど、流司とならできる気がして。

**佐藤**　面白そうですね。…大変そうだけど(笑)。オレの構想は2つあるんです。1つは、お互い本人役として登場して、2・5次元界に現れたスーパールーキーをどうやって負かすかという作戦を2人で練って倒す、というバトルもの。

**荒牧**　あははっ！　さすがだね。オレにはこの発想は出てこないもん。

**佐藤**　もう1つは、舞台連動の映画をやりたいです。「どちらがいい芝居をできるのか」をテーマに、映像俳優対舞台俳優の戦いを描きたいなって。殺陣やアクションも入れて、イベントのような公演をしてみたい。映像で活躍している役者さんを舞台に呼ぶことによって、獲得できる新しいターゲット層もある気がしています。

**荒牧**　僕がプロデュースして、流司が演出を担当するのも面白そうじゃない？

**佐藤**　いいですね。でもそんなことしたら、会場埋まっちゃいますよ？

**荒牧**　よし、埋めましょう！

――荒牧さんは22年6月に開催されたイベント「演劇ドラフトグランプリ2022」をはじめ、StrayCityシリーズ『Club キャッテリア』、ミュージカル『I'm donut?』などオリジナル演劇のプロデュースを手掛けています。佐藤さんは、23年3月に上演された舞台『カストルとポルックス』で原案・脚本・演出に初挑戦。共にクリエーターとしても活躍されています。

## 役者業と兼業して続ける意義

**荒牧**　プロデューサー業で大変なのは、スタッフ陣の連携やバランスを調整すること。流司とは、抱えた苦悩や難しさのジャンルが違うかも。まず、物語を書けるのがすごいと思う。最終稿ができるまでどれくらいの時間がかかった？

**佐藤**　半年です。第1稿を自分で読み返したとき、あまりにひどくて（苦笑）。その後は、何がひどいのかを考えて直していきました。

**荒牧**　僕もプロデューサー業をしているときは、脚本家さんと話し合いながら脚本の添削を繰り返すけど、それだけでもすごく大変で。流司はその作業を1人でやる、ということだもんね。

**佐藤**　でも、そうしたすり合わせのほうが大変だと思いますよ。演出と脚本をオレがやる以上は、絶対にオレが正解なので（笑）。自分が伝えたいものを物語に詰めるわけだから、誰かに「違う」と否定されても、オレの脳内では正しいからいいんです。ただ、言い合いのシーンを書いているときは、自分と自分がケンカしなきゃいけないので難しかったです。

演出に関して言えば、感情の動きをどう役者に伝えれば分かってもらえるかが課題でした。例えば「今、悲しいですよね?」と言われても、その度合いは目に見えるものでも色で区別できるものでもない。「なぜ悲しいか」を役者に分かるように伝えなければならないので、それが難しくて。

**荒牧** 自分の描いている頭の中の世界を誰かに伝えるって、表現方法が本当に難しいと思う。スタッフにはもちろんだけど、俳優に対してもうまく伝わらないことは多かったでしょ?

**佐藤** なかなか大変でした。オレの言葉を1発で理解してくれる方もいれば、全然分からない方もいる。そういうときは、その人の得意な話し方やコミュニケーションのクセに寄せてみたり、人に合わせて伝え方を工夫していました。

**荒牧** なるほど。あとは僕や流司は舞台に立つ側の人間でもあるから、どこでお客様が笑ってくれるか、そういう肌感みたいなものはある気がするよね。それを脚本や演出に伝えるのは、役者業と兼業することの利点なのかも。

**佐藤** オレは、荒牧君の演出が見てみたいんですけど…。

**荒牧** いずれは挑戦してみたいけど、今はまだ考えていないかな。演出家は料理する人で、プロデューサーは材料を用意する人だと思っているんだけど、僕は後者のほうが得意。みなさんが料理している間に、作った料理がどうしたらおいしく運ばれるかを考えているのが今は好きで。でも、流司はどっちもできそうだね。

**佐藤**　オレは「帝王学」なので、唯我独尊状態ですよ？（笑）。舞台はみんなで作り上げるものだけど、ある程度は「オレについてこい！」と引っ張るほうが自分の性に合っているみたいで。

**荒牧**　そうやって前に出るのが苦手な演出家さんもいるから、流司くらいしっかりと構えていてくれると、みんなついていきやすいだろうし、頼もしかったと思うよ。

――役者業との兼業で大変だった点は？

**佐藤**　僕は、クリエーターとしての時間がリフレッシュになっているんですよ。役者って、役を演じている時はずっとその舞台のことを考えてしまう。それも1つの正解だけど、考えが凝り固まったり、精神的に苦しくなることもあって。そういうとき、違うマンガを読んだり、脚本を書いたり、何か違う作品に触れることで、また台本に戻った時に新しい視点が生まれてきたりするんです。

**荒牧**　僕も同じですね。役者として使う頭と別の頭を使っているから、苦に感じないんですよ。大変なのは、朝早い会議くらい（笑）。流司も言っていた通り、すべては役者業に返ってくる。プロデュース業で気がついた、裏方のスタッフさんたちの苦労や気持ちによって、役者としての表現方法も変わった気がして。もっとこの業界の仲間たちをみなさんに知ってもらいたいので、続けることの意義は感じています。

**佐藤**　そうですね。最近は、ＹｏｕＴｕｂｅやＴｉｋＴｏｋなどスマートフォンのなかで完結するエンタテインメントが発達しているので、このままだと舞台界隈はもちろん、エンタテインメントが偏っていくんじゃないかという危機感を感じていて。

そんなときオレの大好きな演出家・茅野イサムさんから「もしもオレたちの世代の演出家たちが死んだら、次の世代は誰が舞台界隈を引っ張っていくんだろうな？」という話をしていただいたことがあったんです。次の世代へバトンをつなぐ人間が必要だし、「オレがそうでありたい」という思いが原動力となり、役者業だけではなく、演出や脚本など別の方向からのアプローチもやってみようと思いました。

**荒牧**　スマートフォンメディアとは、うまく共存していかないといけないよね。舞台は東京を中心に公演することが多いので、地方の方にも舞台を楽しんでもらうために配信はどんどん使っていきたい。うまく連動して、少しでも多くの方に舞台の魅力を知ってもらえるよう考えていきたいです。

荒牧がプロデュースを務めるイベント「演劇ドラフトグランプリ２０２３」が、12月5日に日本武道館で開催される。当イベントは、５人の座長が、演出家や俳優をドラフト会議で指名し、結成された座組で作ったオリジナル演劇を披露し、競い合うというもの。昨年、座長としてチームをけん引していた佐藤に、プロデューサー・荒牧の姿はどう見えていたのか。

**佐藤**　…大変そうでしたね（笑）

**荒牧**　ははは、っ！　僕にとって初めてのプロデュース作品だったし、物販や宣伝、いろいろなことに目を向けるってこんなに大変なんだなって実感したよ。

**佐藤**　大変だったと思うけど、あのイベントはすごく有意義なものだったと感じています。昨年は4つの座組がミニ演劇を披露しましたが、そもそもあの短い時間で起承転結を作るのはハードルが高いこと。それを全座組がやってのけたこと自体がすごいなと感じました。

「グランプリ」ですから、それぞれの座組が競い合う形にはなっているけど、オレ個人としては、様々なチームの役者、演出家、脚本家の長所や特徴など情報をたくさん盗めた気がしています。それに「武道館で芝居できるんだ」って感動しましたよ。

**荒牧**　2・5次元界で活躍しているスタッフとキャスト陣の素晴らしさが、より多くの方に伝わっているとうれしいな。僕たちの座組はトップバッターだったから他の座組の演劇も見ることができたけど、みんなはきっと裏でソワソワしていたよね？

**佐藤**　そう、そんな余裕はなかったです。ずっとセリフをぶつぶつぶつぶつ…。

**荒牧**　演出家さんの色がまったく違うので、他の座組の作品もすごく面白かったよ！　流司のカリスマ性も光っていたしね。

**佐藤**　うれしい。オレの座組の演出家は西田大輔さんで、挑戦的な芝居を披露したんですよ（笑）。

でも、見に来てくれたお客様に「こんな演劇もあるんだ」という発見になってもらえていたら本望です。

日本のトップカルチャーであるアニメ・マンガを原作に作り上げる2・5次元舞台は海外との親和性も高く、フランスの「ジャポニズム2018」でミュージカル『刀剣乱舞』が上演。21年には映像配信サービス「GLOBE CODING」で、佐藤も出演するライブ・スペクタクル「NARUTO-ナルト-」など5タイトルが配信され、海外進出にも意欲的だ。

## 2・5次元舞台こそ海外向き

――23年5月に、アメリカ・ニューヨークで第2回目となる「ジャパンパレード（Japan Parade）」が開催。中尾暢樹さんをはじめとするライブ・スペクタクル「NARUTO-ナルト-」のキャスト陣が登場しました。

**佐藤**　その話はオレ、落ち込むんで…。

**荒牧**　ははは っ！　流司は行けなかったもんね。

**佐藤**　ブロードウエイでミュージカルを見たり、かなり刺激を受けて帰ってきたみたいで、本当にうらやましかったです。あの熱狂ぶりを聞いていると、2・5次元舞台こそ、海外で受け入れてもらえる作品だと思いました。

**荒牧**　相性は抜群だよね。日本のアニメやマンガは世界に誇れる文化だし、アニメキャラクターのコスプレを楽しんでいる海外の方もたくさんいらっしゃる。言葉の壁はあれど、2・5次元舞台は目で見るだけでも楽しんでもらえるんじゃないかな。

**佐藤**　オレは、15年にライブ・スペクタクル「NARUTO-ナルト-」でワールドツアーを経験したことがあって。日本公演の後、マカオ、マレーシア、シンガポールと海外公演をしていたのですが、日本と違って、お客様は静かに舞台を楽しむのではなく、ショーを見ているような感覚で声援を送ってくださるので、お客様の興奮が直に伝わってくるんです。

よく覚えているのは、シンガポール公演の際に、オレが演じるうちはサスケが春野サクラ（伊藤優衣）に「サクラ、お前うざいよ」と言うセリフがあるんですけど、客席からブーイングが起こったこと（笑）。でも、ちゃんと静かなシーンは黙っていてくれるし、アクションシーンはしっかりと盛り上げてくれる。そうしてお客様がマンガのページをめくるように、1コマ1コマを楽しんでくれるので、こちらも高揚したし新鮮でした。

**荒牧**　日本の映画館でも応援上映があるし、舞台でやってみるのも面白いかも。映画とは違って、僕たちは生身でやっているから、声援を受けてそれに返すこともできる。そういうライブ感を楽しめる舞台も楽しそうだね。

**佐藤**　以前、下北沢の劇場ザ・スズナリで公演していた『赤裸々』という舞台を見に行ったんですけど、すごく攻めた作品で。観客はクラッカーを2つ渡されて、上演中いつ鳴らしてもいいんです。本当に関係ない芝居のときに、いきなり「パン」って鳴らす方もいたりして。それくらい振り切った自由な演劇もいいかもしれません。

**荒牧**　役者としてもアドリブ力が鍛えられそうだね。そしてやっぱり殺陣は日本の演劇界の武器！

**佐藤**　海外公演には、刀と和楽器は必須かもしれませんね。『マッスルミュージカル』もヒットしたし、気持ちを伝えるにはボディーランゲージが1番伝わると思う。

**荒牧**　分かりやすく、「殺陣ショー」もいいね。でも、まずは恐れずに海外公演を打つことだと思います。海外の制作会社さんと日本の舞台界が連携を取っていけるように、失敗を恐れずにパイプラインを作っていかないと。海外公演に挑戦する際に備えて、スキルアップは欠かさず、努力を重ねていきたいです。

大きなムーブメントを巻き起こしている2・5次元界。舞台界、そしてエンタテインメント界の未来に向けて、後輩たちの育成は必要不可欠だ。常に舞台に立ち続けている2人だからこそ、感じている思いがあると言う。

**荒牧**　コーセーさんのメイクブランドとのタイアップ広告に、僕をはじめとする2・5次元界で活躍する俳優陣が起用されるなど、以前に比べてエンタテインメント界のなかで2・5次元界への壁はなくなりつつあるなと実感しています。他にも企業の方が舞台のスポンサーに付きたいと言ってくださる声も聞こえているので、より舞台の幅も広がっていける気がする。スポンサーとして協力してくださる企業の方が増えれば、チケット代も安くすることができると思いますし、そうしてどんどん舞台を気軽に楽しんでいただけるものにすれば、より多くの方に見ていただけるだろうから。

**佐藤**　チケット代は1番の弱点ですよね。オレ自身が感じている危機感とすれば、2・5次元界では「誰がキャラクターのモノマネが1番上手か」となってしまっている流れはよくないと思っています。芝居のうまさやダンスの技術よりも、「キャラクターにどれだけ似せるか」に比重を置いてしまう傾向にある。この流れこそが、業界の方々から「芝居ではない」と言われてしまう原因なんじゃないかなって。2・5次元俳優たちはいろいろなことができるからこそ、その力を発揮することが大事だということを忘れてはいけないと思っています。あとは、出演するキャストが偏っていること。

**荒牧**　確かに、それは課題だよね。

**佐藤**　才能のある人間よりも、人気や知名度のある人間が重宝される時代だから、新しい人間が出るチャンスがなかなか巡ってこない。そういうオレも、続けて舞台に出演させていただいているから、それにあやかっている自分もいるし、この時代が終わればオレもどうなるか分からない。でも、演じる側も見る側もレベルアップしていくためには、才能のある人間がしかるべき場所に立てる演劇界にできたら、未来は明るいんだと思います。さっきは、「スーパールーキーを2人で倒す」って言いましたけどね(笑)。

**荒牧**　確かに、才能のある新人は脅威ではあるけど、やっぱり未来のためには出てきてほしいよね。そして僕たちを倒す勢いで向かってきてほしい！　そのためにも新人を育てないといけないと思うし、僕たちも手本になれるように一緒に頑張ろう。

**さとう・りゅうじ**
1995年1月17日生まれ、宮城県出身。11年、『仮面ライダーフォーゼ』でデビュー。ミュージカル『刀剣乱舞』、ライブ・スペクタクル「NARUTO-ナルト-」など人気作に多数出演。舞台「呪術廻戦」が23年12月15日より上演。

# 荒牧を知る

# 30の Q&A

好きな食べ物や
休みの日の過ごし方など、
最新の荒牧をより細かく知る
30の質問。

## Q01 生年月日、身長、体重、血液型、星座は？

1990年2月5日生まれ、176センチ、63キロくらい？、AB型、みずがめ座。

---

## Q02 座右の銘は？

「君子豹変す」。

1つのことにこだわらず、いい方向があれば向かいます。ほのぼのと(笑)。

---

## Q03 尊敬する人は？

鈴木拡樹君。あとは母親です。

---

## Q04 ラッキーカラーは？

紫が好きです。

でも紫色が好きなだけで、身の周りにはありません(笑)。

---

## Q05 チャームポイントは？

# えくぼ。

よくみなさんから褒めていただけるので。しかも両方にあります。

---

## Q06 好きな食べ物ベスト3は？

# 鍋、しゃぶしゃぶ、寿司。

鍋なら何でも好きですけど、最近の気分はキムチ鍋！
寿司は、ネギトロが好き。

---

## Q07 最高の休日の過ごし方を教えてください。

# ソファーでダラダラしながら
# Netflixを見たり、ゲームをしたり。
# とにかく、動きません！

---

## Q08 好きなスポーツは？

# バスケとテニス！

学生時代入っていた部活です。ちなみに両方副部長でした。

---

## Q09 好きな舞台作品は？

全部魅力があって大好きだけど…。やっぱり

**ミュージカル**
**『テニスの王子様』で！**

僕の原点です。

---

## Q10 好きなドラマ&バラエティ番組

**『マイ☆ボス☆ マイ☆ヒーロー』**（日テレ系）と
**『月曜から夜ふかし』**（日テレ系）。

---

## Q11 最近お気に入りのマンガは？

**『忘却バッテリー』。**

野球マンガなんですが、野球だけではなく
人間関係の群像劇が描かれていて。すごく好きですね。

---

## Q12 ファッションのこだわりは？

**ナシ！！**

でも、着心地の良さや肌触りは大切にしているポイントです。

---

## Q13 自分へのご褒美といえば？

ゲームへの課金…(笑)。

「頑張ったからいいかな？」と思って、最近課金しちゃいました。

---

## Q14 1カ月お休みをもらえたら何がしたい？

仕事を入れます。

休みが多いと不安になっちゃうので、
結局仕事をしてしまう気がしますね。

---

## Q15 カラオケで歌う曲は？

FUNKY MONKEY BΛBY'Sの『告白』。

---

## Q16 小さいころはどんな子どもだった？

棒を振り回していた気がする。
殺陣みたいなことをして遊んでいましたね。

---

## Q17 好きな香りは？

柔軟剤の香り。

やわらかい香りが好きで、
柔軟剤はずっと同じものを使っています。

---

## Q18 最近1番笑ったことを教えてください。

(田中)涼星や植ちゃん(植田圭輔)、
染くん(染谷俊之)たちと
ONE PIECEカードをやっていたとき。

たわいもない話でよく笑っています。

---

## Q19 最近涙したことを教えてください。

舞台『刀剣乱舞』
山姥切国広 単独行-日本刀史-。

山姥切国広として、三日月宗近に思いを馳せているとき。
めっちゃ泣いてます。

---

## Q20 朝起きて最初にすることは?

カーテンを開けます。日光浴をして目を覚まします。

---

## Q21 寝る前にすることは?

カーテンを閉めます(笑)。

---

## Q22 家事は得意?

普通にやります。特に皿洗いは好きですよ、苦じゃないです。

---

## Q23 冷蔵庫に必ず入っているものは？

# わさび。

寿司を頼んだときにわさびを増量できるように。
わさびをたくさんつけて食べるのが好きなんです。外食で
寿司を食べるときもわさびを別盛りで頼んだりするくらい。

---

## Q24 カバンの中の必需品は？

財布です…当たり前か、すみません(笑)。
目薬系が入っているポーチも持ち歩いています。
「あらまとん」がプリントされている自社のポーチです。
荷物は基本的に少なくて、財布と携帯と家の鍵さえあれば十分。

---

## Q25 家の中で1番好きな場所は？

# ソファーかベッド。

---

## Q26 俳優になっていなかったらどんな人生を歩みたい？

# 銀行員かなぁ。

大学も経済学部で、先輩たちもほぼメガバンクに
就職されていて。何事もなければ、僕もその方向へ
行っていたのかもしれません。

---

## Q27 役者仲間の親友とライバルは誰？

親友とかは分からないけど、

まーしー（和田雅成）と植ちゃん、

（佐藤）流司。

あと、染君と（和田）琢磨君も！

同世代の俳優たちは、ライバルであり、戦友です。

---

## Q28 もし宝くじで1億円当たったら？

貯めます。

将来の夢に向けた資金として。

---

## Q29 荒牧さんの弱点をこっそり教えてください。

寝ているとき、

いきなり起こされたりすると、

ちょっとだけ不機嫌になります。

朝もちょっと弱いかな。

---

## Q30 最後に、今の夢を教えてください

演劇界のドン！（大爆笑）

---

# おわりに
## ―プロデューサー・荒牧が濃縮された1年を経て―

2022年の5月に「演劇ドラフトグランプリ」でプロデューサー業をスタートさせ、約1年がたちました。まだ1年かぁ…と思うくらい、濃い時間を過ごさせていただいています。

エンタテインメント界は毎年何が起こるか分からない。なかでも新参者である2・5次元界は、ある日突然、その船が沈んでしまうかもしれないほど激動の渦の中にいます。特に新型コロナウイルス禍では、その危機感を強く覚えました。今、ようやくお客様が劇場に戻りつつあるなか、次に2・5次元界がどう進化していくべきなのか、業界全体が頭を悩ませているところ。そんななか始まったこの連載に、僕がつけたタイトルは「2と3のあいだ」。2と3のあいだである2・5次元界で頑張っている人間が、『2』を『3』にするために進んでいる姿を見ていただきたいという意味を込めました。単純に2次元を3次元にするという意味ではなく、エンタテインメント界のなかで「1進みたい」ということ。約1年間という短い時間でも、けっこう進めたような気がしています。…2・8くらいまでは来たかな？(笑)。1進んで3になるまでは、もう少しかかりそうですね。

「2・5次元」という名前が世の中に浸透する前から、俳優として荒れ地を耕しながら進んできましたが、プロデューサーとしての道はまだ明確に開けていません。でも、後輩たちに「頑張ってきた先に、こんな道があるんだよ」と知ってもらいたいという気持ちで、懸命に道を切り開いている最中です。

僕のプロデューサーとしての信条は、俳優と制作や2・5次元界とエンタテインメント界の橋渡しのような存在になること。でも、もしかしたら1番の理由は、みんなで幸せになりたいだけなのかもしれません。もちろん俳優としての未来のためでもありますが、それよりは2・5次元界全体の未来のために動いているのだと思います。僕は、スタッフが苦労したり、役者にフラストレーションがたまったり、お客様が楽しめない作品は作りたくない。みんなが「またやろう」「また見たい」と思える作品を増やし、幸せなエンタテインメント界を作りたい。そんな未来のために、僕は努力を続けています。

エンタテインメントを作るのは大変だけど、やっぱりすごく楽しい。ありがたいことに、今はまだプロデューサーとしての大失敗を経験していませんが、このまま全部が全部うまくいくとは思っていません。この1年のプロデュース業を通して、自分で枠を絞り過ぎず、エンタテインメントを追求していきたいという思いが芽生えましたし、これから僕が携わる作品には、様々なジャンルのものも出てくるはず。そして、僕の名前を明かさないプロデュース作品もあると思います。新しいジャンルの作品に触れることで、またステキな発見があると信じているので。そこにお客様が「面白い」と感じていただける作品があれば、手に取っていただきたい。僕の根本にある思いは「演劇を楽しんでもらいたい」、たったそれだけなんです。

もちろんこの先の未来に不安はありますが、先輩方から「失敗で落ち込んでいたらこの仕事はできない。何千回でも失敗しなさい」と言われているので、恐れずに立ち向かっていきたい。…とは言いつつ、僕の本業は役者です。プロデューサーとして活動することで、俳優・荒牧のファンの方に寂しい思いをさせてしまうこともあるかもしれませんが、僕は年に1回は必ず実家である2・5次元舞台へ帰ります！（笑）。僕は2・5次元界で生まれましたから。ホームを大切にしながら、視野を広げつつ、挑戦を続けていきたいです。

この書籍の（鈴木）拡樹君や（佐藤）流司との対談のなかで、僕は「ブロードウェイのような演劇街をつくりたい」という話をしていますが、そう思えたのはMANKAI STAGE『A3!』に出合えたから。『エーステ』のカンパニーで劇団としての在り方を学び、舞台『刀剣乱舞』では殺陣の面白さを、『ヒプノシスマイク -Division Rap Battle-』Rule the Stageではラップと、今まで僕が携わってきた作品それぞれに感化されて、そんな夢を抱くようになりました。今はまだ夢物語ですが、これから僕自身が俳優としてもプロデューサーとしても成長していけば、夢が現実になるかもしれない。そうしてできた演劇街が、若者たちの自己表現の場となり、演劇がみなさんにとってより身近な存在になることがかなえば、これほどうれしいことはありません。そんな未来のために、お客様たちの心に栄養を与えられるような作品を生み出していきたいです。

最後になりますが、『2と3のあいだ』は僕のプロデューサーとしての思い、そして演劇の魅力、クリエーターへの尊敬が詰まった1冊になっています。俳優をやりながらプロデューサーへの挑戦を決めた僕の思いが、みなさんに届いていれば幸せです。そして、何かを1歩踏み出そうとしている方の勇気につながることを祈っています。

2023年秋

荒牧慶彦

| | |
|---|---|
| カバー、中面撮影 | 藤本和史[カバー他]　江藤はんな(SHERPA+)(113p、116p) |
| スタイリスト | 中山寛己[カバー他]　柴田拡美(Creative GUILD)<br>中村美保(鈴木拡樹)　吉田ナオキ(佐藤流司) |
| ヘアメイク | 鈴木りさ　北崎実莉　yh'　車谷 結(zhoosh)<br>瀬戸口清香(石川凌雅)　AKI(鈴木拡樹)　有藤 萌(佐藤流司) |
| マネジメント | 株式会社Pasture |
| 構成 | 小林 揚　平島綾子(日経エンタテインメント!) |
| ブックデザイン | エストール |
| 制作 | エストール |
| 校閲 | 田井裕規(アイ・ティ・オフィス) |

**●衣装協力**(全て荒牧慶彦)

**◆通常盤**(カバー、153p-160p、265p-272p)

シャツ3万9600円・スウェット3万800円(ZUCCa／A-net Inc.☎03-5624-2626)、ジャケット4万5100円・パンツ3万1900円(JUN OKAMOTO☎03-6455-3466)、コート10万1200円(CULLNI／Sian PR☎03-6662-5525)・その他スタイリスト私物

**◆アニメイト限定盤**(カバー、260p-261p)

ZUCCa／A-net Inc.☎03-5624-2626

**●衣装協力[中面]**

| | |
|---|---|
| 17p-26p | タートルネック1万7600円(CULLNI／Sian PR☎03-6662-5525)、シャツ3万1900円・ジャケット4万4000円・パンツ3万1900円(JUN OKAMOTO☎03-6455-3466)、シューズ5万6100円(ZUCCa／A-net Inc.☎03-5624-2626) |
| 97p-104p | 浴衣・帯　参考商品(男の着物 たけもと／☎03-6278-7242) |
| 113p、116p | アヴァランチ☎03-6415-5070 |
| 161p | NOLNO／THÉ PR☎03-6803-8313、sneeuw／KIOSK by sneeuw☎03-6323-4200 |
| 162p-163p | NOLNO／THÉ PR☎03-6803-8313 |
| 164p-165p | CULLNI 、FACTOTUM、SHAREEF／Sian PR ☎03-6662-5525<br>FACTOTUM／Sian PR☎03-6662-5525)、sneeuw／KIOSK by sneeuw☎03-6323-4200 |
| 166p-178p | ZUCCa／A-net inc.☎03-5624-2626 [荒牧]、Rolla's／JACK of ALL TRADES☎03-3401-5001、ZUCCa[田中]、Rolla's[司波] |
| 257p-258p | LUFON／Sian PR ☎03-6662-5525 |
| 259p-260p | sneeuw／KIOSK by sneeuw☎03-6323-4200 |
| 262p-263p | JUN OKAMOTO☎03-6455-3466、STOF☎03-6809-0464 |
| 264p | ZUCCa／A-net Inc.☎03-5624-2626 |

**◆書籍化SP対談①**

シャツ4万9500円・カバーオール9万2400円・ブーツ5万2800円(Y's☎03-5463-1500)[荒牧]

ニット5940円、シャツ5940円、パンツ5940円、サンダル5940円(全てCASPER JOHN/Sian PR☎03-6662-5525)[鈴木]

**◆書籍化SP対談②**

シャツ3万5200円・ジャケット4万5100円(JUN OKAMOTO☎03-6455-3466)・パンツ3万3000円(STOF☎03-6809-0464)[荒牧]

## 荒牧慶彦 あらまき・よしひこ

1990年2月5日生まれ、東京都出身。2012年にミュージカル『テニスの王子様』2ndシーズンで本格的に俳優デビュー。舞台『刀剣乱舞』、MANKAI STAGE『A3!』、『ヒプノシスマイク-Division Rap Battle-』Rule the Stageなど人気作に多数出演。自身も所属する芸能事務所「Pasture」を立ち上げ、代表取締役に就任。さらにプロデューサー業として「演劇ドラフトグランプリ」、Stray Cityシリーズ『Clubキャッテリア』、ミュージカル『I'm donut ?』などのオリジナル演劇やイベントを手掛けている。

# 2と3のあいだ

2023年12月9日　第1版第1刷発行

著　者　荒牧慶彦
発行者　佐藤央明
発　行　株式会社日経BP
発　売　株式会社日経BPマーケティング
〒105-8308　東京都港区虎ノ門4-3-12
印刷・製本　図書印刷株式会社


ISBN　978-4-296-20362-8